シリーズ
事例で学ぶ 7

児童福祉論

古川　繁子
加藤　定夫
　　編　著

学　文　社

まえがき

　わが国の社会変動の中で，社会福祉とは何かという議論や社会福祉の学問のあり方も変化せざるを得なくなってきています。社会福祉の本質が，政策か技術かという論争が行われた時期もわが国の福祉の歴史の中にありました。1987年5月社会福祉士及び介護福祉士法が制定され，社会福祉専門従事者が法的に定められ，その後精神保健福祉士法が1997年に制定され，現在，保育士資格の国家資格化を踏まえると，4つの社会福祉専門従事者が国家資格として定められています。その4つの職種のいずれもが，社会福祉援助技術を基礎的技術として不可欠なものとしています。そのことは，社会福祉実践を行う時，科学的な人間理解と援助の方法そして，組織化や制度化への科学的技術すなわちソーシャルワークの技法を有しなければ，今日，求められている社会福祉実践が望めないということではないでしょうか。

　また，そのことは，福祉とは単なる政策論ではなく，人間の生の営みを社会的に制度としてどのように保障していくかということにも，社会福祉従事者が責任を持っていかなくてはならない時代になったといえるのではないでしょうか。

　例えば，保育士が児童の養育に携わるのみならず，社会福祉援助技術を展開して児童の養育環境としての家族を支援したり，地域や制度を整備したり，また，社会的保障制度構築に責任を果たさなくてはならなくなってきたのです。また，他の社会福祉専門従事者も同様でしょう。

　それらの社会福祉専門従事者の養成には社会福祉実践の具体的な現場事例から，何を学ばなければならないかという視点が求められます。また，学んだ理論を現場でどう生かすかという視点も大切です。本シリーズでは，社会福祉実践現場の事例を多くしました。社会福祉を学ぶ学生が社会福祉実践の現場をより多く知るということを一つのコンセプトとしました。執筆を担当してくださ

ったのは保育士・介護福祉士・社会福祉士や精神保健福祉士などの養成に携わっていらっしゃる現職の教員とともに保育・介護・社会福祉の実践現場に従事していらっしゃる方です。研究・事例編には多くの事例をお寄せくださいました。今後，これらの事例から社会福祉専門従事者養成テキストとして，何が必要不可欠な事柄であるのか。また，現場と養成所と結ぶことにより専門的な社会福祉従事者養成を行う方法が構築されていくことが出来ればと念願しております。

社会福祉基礎構造改革の推進とともに，利用者本位の社会福祉の構築および，地域福祉の推進がうたわれていますが，地域ケアや地域自立支援を含め，人間環境の基礎としての家庭の福祉の視点を踏まえて，本シリーズを編纂しました。

最後に，事例を編集するにあたって，ご協力下さった小ばと幼稚園（理事長）園長村松重彦氏，顧問阿久津博氏と，本シリーズ化を薦めてくださり，また刊行にこぎつけるまで，何かとご尽力くださいました田中千津子学文社社長に心から御礼申し上げます。

2006年2月

編集代表　古　川　繁　子

目　次

序　章　児童福祉をはじめるために ………………………………………1
　1. 児童福祉を理解するための視点 ………………………………………1
　　1）児童福祉の心……1／2）地域社会活性化のための福祉の心……5／3）三位一体政策での自治体での福祉……5
　2. 児童と文化 ……………………………………………………………6
　　1）現代社会から派生する児童文化の課題……7／2）伝統文化の今日的意義……7／3）児童福祉への児童文化からの提言……8
　3. 児童神話があるとすれば ………………………………………………9
　　1）母性本能の神話……9／2）三歳児神話……10／3）子育て神話……11
　4. 児童福祉が求めるもの …………………………………………………12
　　1）これからの児童福祉……12／2）運動体としての児童福祉……13
　5. 国際化（グローバル化）・人権宣言 …………………………………13

第1部　児童を取り巻く現代的課題

第1章　現代的課題 …………………………………………………………18
　1. 少子・高齢化社会と児童福祉 …………………………………………18
　2. 児童虐待と児童福祉 ……………………………………………………20
　3. 環境問題と児童福祉 ……………………………………………………22
　　1）「エコロジーの創始者」エレン・スワロー……23／2）ソーシャルワークとエコロジー……25／3）児童の生育環境としての人間……27／4）環境問題と児童福祉……28
　4. 情報化と児童福祉 ………………………………………………………29
　　1）インターネットの歴史……30／2）高度情報化社会の光と影……30／3）事件事例……31／4）情報モラル……32／5）電子申請システム……32／6）犯罪防止のためのネットワークづくり……32
　5. 発達課題と児童福祉 ……………………………………………………34
　　1）発達課題とは……34／2）発達課題と児童福祉……35

6. 児童買春と児童福祉 ……………………………………………37
   1）児童買春とは……38／2）児童福祉の立場から……39／3）課題と展望……40

7. 女性問題と児童福祉 ……………………………………………41
   1）離婚の現状……41／2）母子家庭の現状……42／3）母子家庭を支える制度……43／4）今後の課題……45

8. 家庭介護と児童福祉 ……………………………………………45
   1）ライフステージ──「育児」と「介護」が重なるとき……45／2）仕事と家庭が両立できる環境を……46／3）子どもの福祉にとって……47／4）福祉サービスの利用を……49

9. 教育問題と児童福祉 ……………………………………………50
   1）不登校児童問題……50／2）いじめの問題……52

第2章 児童福祉の変遷 …………………………………………55

1. スウェーデンの児童福祉に学ぶ ………………………………55
   1）子育て支援……56／2）スウェーデンにおける保育の現状……56／3）その他の福祉政策……56／4）スウェーデンの児童福祉から学ぶこと……57

2. イギリスの児童福祉に学ぶ ……………………………………59
   1）少子化対策・子育て援助……59／2）イギリスにおける保育の現状……60／3）その他の児童福祉対策……61／4）イギリスの児童福祉から学ぶこと……62

3. 韓国の幼児教育・保育について ………………………………63
   1）幼児教育体系の二元化……63／2）幼児教育の公教育化に向けて……65

4. 日本の児童福祉 …………………………………………………67
   1）明治維新から太平洋戦争終結の時代……67／2）終戦直後からの児童福祉法等の整備……70／3）基礎構造改革と国際化の中の児童福祉……71

第3章 児童福祉関連法・制度 …………………………………73

1. 児童福祉法 ………………………………………………………73
   1）児童福祉法の要点……73／2）児童福祉法をめぐる近年の改正……74

2．児童に関する社会保障関連の法律 ……………………………………77
　　　　1）児童手当法……77／2）児童扶養手当法……78／3）特別児童扶養手当法……78／4）母子及び寡婦福祉法……79／母子保健法……80
　　3．児童をめぐる虐待や暴力に関する法 …………………………………80
　　　　1）児童虐待防止法……80／2）ドメスティック・バイオレンス防止法（DV防止法）……81／3）児童買春禁止法……83／4）少年法……84
　　4．エンゼルプラン ……………………………………………………………84
　　　　1）エンゼルプランの概要……84／2）新エンゼルプラン……85／3）新新エンゼルプラン……85

第4章　ソーシャルワークと児童福祉 ……………………………………………89
　　1．基礎としての発生と発達 ………………………………………………89
　　　　1）人間の発達とソーシャルワーク……89／2）発達段階……89／3）発達課題……90
　　2．家族と児童 ………………………………………………………………90
　　　　1）家族の変容……90／2）子育てに対する意識……94
　　3．アダルトチルドレン ……………………………………………………95
　　　　1）アダルトチルドレンとソーシャルワーク……95
　　4．ファミリーソーシャルワーク …………………………………………97
　　　　1）家族機能の変化……97／2）ファミリーソーシャルワークの必要性……98
　　5．児童健全育成 ……………………………………………………………99
　　　　1）児童健全育成の概要……99／2）児童健全育成対策の関係機関……100／3）スクールソーシャルワーク……101
　　6．児童福祉現場でのソーシャルワーク …………………………………102
　　　　1）児童福祉施設の種類……102／2）児童養護施設とソーシャルワーク実践……103
　　7．虐待通報システム ………………………………………………………105
　　　　1）児童保護機関（CPS）……105／2）院内虐待対応チーム……107
　　8．障がい児とソーシャルワーク …………………………………………107
　　　　1）障がい児の理解の仕方……108／2）障がい児の福祉対策……109／3）障がい児の福祉施策への視点……109／4）障がい児への新たな取り組み

について……110／5）障がい児へのソーシャルワークの取り組みの課題
……110

第2部　児童福祉の事例研究

第5章　事例研究

1. ソーシャルアクションの試みとしての保育者支援
　　——巡回相談型健康診査の発展可能性（保育所事例）——……114
　　1）児童福祉サービスとしての母子保健法：健康診査の動向……114／2）T県における5歳児健康診査の取り組みの概要について……115／3）巡回相談型の5歳児健康診査の実施によって顕在化した視点……116／4）T県における巡回相談型健康診査の実際……118／

2. 児童養護施設での12年の養成記録……………………………128
　　1）児童養護施設の原理……128／2）事例紹介……129

3. 地域での事例　地域の子育て支援
　　——NPO法人ピアわらべの実践から——………………………135
　　1）はじめに——少子高齢化の背景……135／2）事例——NPO法人ピアわらべの設立とその実践……136／3）事例の分析……148

4.「無表情で暗い子」子育て支援センターで ………………………154
　　1）相談者の家庭状況……153／2）相談内容……155／3）子どもの様子……155／4）母親の様子……156／5）父親からの聴取内容……156／6）事例分析……157／7）今後考えること……158／8）予測される方策として……158

5. 児童館の事例 ………………………………………………………160
　　1）はじめに……160／2）事例……166／3）事例分析……168／4）まとめ……170

6. 親の会の事例 ………………………………………………………173
　　1）不登校生徒のかかわりの中で……173／2）事例概要……174／3）事例分析……180／4）まとめ……184

索　　引…………………………………………………………………186

序　章　児童福祉をはじめるために

1．児童福祉を理解するための視点

1）児童福祉の心 —— 子どもの権利の実現に向けて

　私たちが生活をするにあたって「福祉」とは何かをどのように考えているでのしょうか。特に児童福祉という場合の児童の福祉が充足されたとはどういう状態なのでしょうか。物質的に不満の無い状態をいうのでしょうか，それとも子どもの権利が十分に満たされている状態をいうのでしょうか。その前提には子どもが社会の中で個人の尊厳をどのように受け入れられているのかということを考えることも必要です。そのことが児童福祉の重要な視点となります。歴史的にみても子どもを未発達，あるいはおとなより劣るという見方が一方にありました。この考えからの発想が，子どもに対して「餓鬼」や「おまえ」というよびかけとなり，子どもたちに対して厳しい躾と称して体罰を行ってもよいという考えになったのです。これに対して昔から子どもを尊い存在として認める考え「銀（しろがね）も金（こがね）も玉も何せむにまされる宝，子にしかめやも（山上憶良）」の歌にあるように，子どもの人格を人間としておとなと同等に考える立場がありました。この考え方の違いは現在も存在しています。子どもの権利をどれだけ受け入れ，そして子どもが個人としてどの程度尊重されているかによって児童福祉への取り組み方も異なってきます。

　これらの子ども権利を保障する児童福祉についての定義は網野武博によると「生存し，発達し，自立しようとする児童とその環境の接点にあって，人間における尊厳性の原則，無差別平等の原則，自己実現の原則を理念として，児童の健幸実現のために，国，地方公共団体，法人，私人等が行う児童及び関係者を対象とする実践及び法制度[1]」であるとしています。この概念は児童福祉を国の制度としてどう実現していくかという点では正しいのですが，子どもの権

利の保障をさらに充実させていくのが児童福祉の役割であるとすると，児童福祉の定義の中には制度を改良していくための運動体が第一義的な概念として含まれなければならないと思うのです。児童の福祉は時代，地域，経済，文化等の要素に影響されますが，それぞれの限られた条件の中で最大限に可能な条件を探しだし，その実現に向けて運動し，どう実現していくかが児童福祉を理解する視点として大事なことです。

　このように児童福祉を動的にとらえていくためには，現代の社会構造のどこから児童問題が派生してくるのかを整理する必要があります。そこには子どもの心を蝕む6つの社会的側面が考えられます。

① 　経済的側面：今や日本ばかりでなく大量生産，大量消費から生まれる人口のプログラミング化現象は子どもたちばかりでなくおとなにとっても社会の全体像がみえてきません。その結果子どもたちは周りと違う興味をもったり，違うことをすれば仲間はずれ，いじめの対象になったり，また大量消費で同じ病気の危険にさらされたりしています。このことは子ども達の福祉を考える場合，特定の子どもが福祉の対象になるというより，大勢の子が突然トラブルに巻き込まれるなど不特定多数の子どもたちが福祉の対象になりうる現象が増えてきているということです。

② 　政治的側面：パワー・エリートを中心とする官僚による民衆支配によって個人主義的民主主義の力を発揮するすべを知らないおとな社会の絶望感が子ども社会に反映し，社会や仲間に対して積極的に貢献しようとする意識が減少しつつあります。その状況の中で，今の児童福祉は他の福祉制度に比べても国の一方的な福祉制度に甘んじており，自らの力で制度を変えることが不可能になっています。だからこそ子育て問題は自治体にとって地域活性化の中心的課題であります。しかし，地域社会の世論に敏感に反応し，自ら変革しようと努力しているということは，地域特性が大きく異なる状態では地域自治体によって児童福祉への対応が大きく違ってきてしまっているのです。

③ テクノロジーの側面：コンピュータの発達によって無限の情報量を獲得することができるようになりましたが，その真実性，選択性において自己判断がむずかしく結局誰かにその判断を委ねなければならない状況を生み出して来ています。このことが個人の主体行動の喪失をもたらし，子どもの行動の画一化，考えの画一化をもたらしています。そこで子どもたちはますます自分で考え抜いていくという，自己判断による自分の行動ができず，自分で責任を取ることの学習がおろそかになっているといえましょう。これらにより福祉制度の矛盾，非合理性について判断したり，是正を求めるための運動を起こすことの難しさがあり，与えられる福祉に甘んじる習性を身につけつつあるのです。

④ 生活行動の側面：文明の発達によって家庭生活の合理化，余暇時間の増大が生み出されました。また，消費生活のイメージ化などにより生活の質が多様化し，生活面での価値観のバランスが取れなくなり，価値観，倫理観の混乱をもたらしています。このことは，子どもたちにとって生活観の大幅な違いをもたらしたり不規則な生活スタイル，友だち間でのいじめ，意思疎通のむずかしさをもたらしています。その結果として子どもの健全な発達のための環境が不適切になり，個性に応じた豊かな感性の育成に欠け，児童福祉法第2条の「児童を心身ともに健やかに育成する責任」を果たすことをむずかしくしているのです。

⑤ 精神活動の側面：日本人は集団思考的であるといわれています。集団内での調和を重んじ，絶えず周りが自分をどのようにみているかを気にしているといわれてきました。このことが，欧米人の自立的パーソナリティーに比べて日本人は他律的パーソナリティーをもつといわれているゆえんです。しかし最近の若者を中心に自己主張をするようになり，もはや自立的人間に変身したようにも思えますが，これはけっして自立的人間になったのではありません。自立的人間とは他人の気持ちに共感できてなおかつアサーティブでなければならないのです。この意味で今の子どもたちは，自

己主張をするがその自己の正当性の論理について考えることが苦手です。昔のガキ大将は年下の子どもをいじめることもありましたが，自分なりの考え方も道筋があったため，その論理を自己修正することができました。しかし今のいじめっ子は論理性がないため自己修正がむずかしいのです。この意味で，子どもの精神面での福祉を考える時，前提として虐待，暴力の心配のない愛情豊かなおとなによる環境形成が必要です。このような環境の欠如は子どもたちに周りの人への思いやりを育てにくくしているのです。

⑥　集団心理的側面：現代人は過去に比べてより情緒的反応をしやすいといえます。すでに述べましたように，マスコミ等に自己判断をゆだねることが多くなっています。それに従って判断の基準が情緒的になり，その判断が自分にとって都合の悪い場合はストレスをより強く感じ，うつ（感情障害）に陥りやすくなるといわれています。確かに子どもの成長過程で喜怒哀楽などの感情はけっして自然に育つものではなく，学習により育つものです。ところが小さい時から集団による意思決定や集団的情緒的判断による学習のみが多い場合，子どもたちは集団の中で情緒的に意思決定を行いやすくなり，集団のボスやおとなの情緒的反応に集団が動かされやすくなります。そこで必要なことは，集団の中で個人の意志が尊重され，差別されない個性が守られる倫理観の育成が必要です。それはとりもなおさず児童福祉における倫理的枠組みの形成に他ならないのです。

このような状況にある子どもたちの福祉を考える時，子どもの心の状態をどのように育てていくのかの発想を根底におく必要があります。ひとつには，保育所の保護者負担を含めて児童福祉サービスを介護保険のように国民負担とするなど子ども福祉の財源対策についての促進。また子どもの福祉として個別的対応が必要な保育士の相談機能の専門性を高めたり，その他の福祉の専門家による地域全体の子どもの心を育むことが促進されてしかるべきでしょう。

2）地域社会の活性化のための福祉の心

　本来福祉は社会保障サービスと違って中央集権的に保証されるものではなく，各地域ごとのきめ細かな援助方法が存在すべきです。そのひとつとして子ども達を地域社会にどう定着させていくか。住民参加の体制をどう確立していくか。住民一人ひとりが私達の街という意識で積極的にどう関わっていくか考えていく必要があります。特に日本は民生委員，児童委員，保護司，青少年委員，青少年対策委員会，BBS運動，地域少年リーダー会等多くの民間の組織が地域社会に協力し，地域活動に積極的に取り組んでいます。ただし地域社会によって，これらは活発でないところもあり，いかに地域社会の活性化に取り組めるかが課題であろうと思います。

3）三位一体政策での自治体での福祉

　国の三位一体政策[2]によって児童福祉法でいう国の責任をどう具体化するかの基盤整備が十分に論議されていません。その結果として児童福祉の切捨てにならないように住民の声が必要です。国は，これによって地方の自由裁量権が増えるといいますが，この問題の根本は，各地域での福祉のあり方を論議する前に財源の方針が決定し，執行されるところにあります。さらに保育所運営費が一般財源により支出されるとそれぞれの自治体での基準に等質性がないため，同じ自治体予算であっても子どもの状況，福祉の中でも高齢者，障がい者，健全育成，子育て支援などどこに焦点を置くかによってかわってきます。そこで大切なことは各自治体の裁量権にだけ任せ，住民の意志が反映されない危険を排除することです。保育の質という点で外部の専門家による第三者評価の導入が開始されていますが，それでも保育者の運営の逼迫化により保育の水準が下がる恐れがあります。その時住民の声として保育行政ばかりでなく，児童福祉の全体的枠組みから反映されるべき内容として，子育てに関して保険制度の活用による女性の出産，子育ての無料化，出産後の就労の優先性を保証する必要があります。日本では，ヨーロッパに比べて家族意識が強いといわれてきました。そのことにより互助的支援が強調されてきました。国が国民に福祉を実

施するにあたって,家族の責任を説いてきましたし,家族を単位としその責任を家長に帰してきました。このような状況で,日本は家族意識が強くなり,福祉サービスを考えた時,家族を単位としてとらえてきたのです。ところが近年,虐待,離婚,同棲など家族に対する考え方が変わって福祉そのものも個人に焦点を当てるようになってきており,家族の連帯等の視点から別の枠組みでとらえ始めています。この考え方の変化が児童福祉法でいう保育に欠ける子どものみを保育所に措置するのではなく,保護者のニーズによって自由契約による保育所入園を可能にしたのです。このことは,すべての子どもがニーズを有しているという前提で児童福祉をとらえることが必要であることを示しています。

2．児童と文化

文化の概念は昔から多くの考え方が存在しています。ウィンデルバンド (Windelband, W.) は「理性素質の自己実現」,リッカート (Rickert, H.) は「価値に対する直接生産」,ウェーバー (Weber, A.) は「精神的創造の所産」,シェーラー (Scheler, M.) は「文化は宗教的知識あるいは哲学的知識であり,文明は実証的知識である」,リントン (Linton, R.) は,「社会成員の反復される反応の組織化」であるとしています。これに対して児童文化は,児童の文化財を意味することもありますが,さらに「子どもによって,また子どものための価値の創造」でもあります。これらの文化概念は,ドイツを中心にヨーロッパ的には精神的理想的価値の実現であると考え,アメリカ的には,技術的,物質的な自然や社会への適応手段としての文明を文化としてとらえ,幅広く考えられています。これらの理念的文化論はその基盤に福祉の心と深く結びついています。すなわち福祉を充実させるというのは,今や福祉国家に向かって論ずるというより,一人ひとりがいかに福祉の発想を持ち,福祉の享受者であり,担い手であるかという前提から,文化の創造と福祉の心という共通の枠組みを考えることが必要です。それゆえ,理性素質の自己実現,価値の生産,精神的創造の所産にしても,それらに向かう心が福祉の心であるといえます。なぜならそれら

は，子どもたちの創造性を生かし，主体性行動に基づき，生活を豊かにするための内容であり，個人だけで達成されるものではなく，友だちと協力し，友だちの困難を補う心を養う必要があるからです。言い換えれば，児童文化の再生は，福祉の心を養うことです。

　この意味で，児童文化を児童福祉へ機能させるために文化の質をどう支えていくかが課題です。この文化の質の基盤は，子どもにとっての生活の質の基盤であり，さらには子育ての質をどう支えていくかが課題となっていきます。そのために生活を保障するばかりでなく，子どもの権利の保障が必要です。

1) 現代社会から派生する児童文化の課題
　　――生産文化から消費文化への危機――

　現代の児童文化は，消費文化であるといわれています。文化は，精神的にも物質的にも創造していくものであり，現在の子どもたちは自分たちが生産しないで，資本の論理に動かされた内容を享受し，さらに誰よりも早く新しい商品を手に入れることにエネルギーをかけています。この与えられる文化は，「グレシャム（Gresham）の法則」のように文化の質はどんどん切り下げられ，ますます刺激的，情緒に訴えるようになり，より衝動的，性的，暴力的になっていくのです。さらにこの文化はそれぞれの専門家によって製作されるため，いかに資本主義的論理にかなうかで生産されていくのです。そこでの文化の受け手は，その専門家によって作られた文化を受け入れるか，拒否するかの選択でしかないのです。それも子どもは個人的判断というよりは，友だちやマスコミの影響によって選択を余儀なくさせられているといえましょう。そこでこれからの児童文化の目指すところは，専門家によって製作された偶像への崇拝から個人的創造，または仲間とグループで創造していく中にその偶像を育てていくことが必要です[3]。このために児童文化の創造性に向かっての足がかりとして，日本の伝統文化が意味を持ってくるのです。

2) 伝統文化の今日的意義

　現代はもはや伝統文化は廃れてきているといわれますが，それは文化の病理

性が拡大しているからです。社会構造的には，価値観の変容，たとえば隠語などの特殊用語の一般化，表現の自由の名のもとに一般には理解できない芸術，オカルト的な宗教，さらにテレビの長い視聴時間，長時間のテレビゲームへの没頭など時間の使い方の偏り，また奇妙な洋服，ヘアスタイルなどの生活スタイルの変容，週刊誌，漫画などのエロ・グロ・ナンセンスの氾濫がその例です。これらの消費文化はめまぐるしく変化していきますが，成長期にある子どもたちにとってその影響は避けることができません。しかし子ども達がこれらの消費文化に戦いを挑むのは無理であるので，おとなの責任が問われるのです。

そこで伝統文化の今日的意義として挙げられるのが，イニシエーション（通過儀礼）の重要性です。日本には生まれてから成人するまで多くの通過儀礼が存在しています。宮参り，七五三，入学式，卒業式，その他数多くの儀式に参加しながら成長していくのです。このイニシエーションは，子どもの成長にとって，それぞれの時期の成長への大事な通過点になっており，ひとつの儀式の経験は，子どもにとって感動を与え，おとなへの飛躍する機会を与えていくのです。これらをいかに適切に行うかが個人の成長にとって極めて重大な影響をもたらすのです。この意味での日本における伝統文化は家庭，保育所，学校，地域社会で守り，子どもたちへ受け継いでいくことを，改めて子どもの権利の保障の一環として考えていく必要があります。

3）児童福祉への児童文化からの提言

個人の独立性をどう高め，自立心をどこまで養うことができるかによって福祉の考えが異なってきます。子どもにとっての文化の質に応じて児童福祉への要求水準のレベルが異なってくるからです。現在のように多くの子ども達がテレビゲームに熱中し，商品化されたおもちゃを享受するだけでは，けっして生産的な児童文化は生まれてきません。だからこそ子どもの生活の中で子ども達がその年齢，地域の実情などに則して与えられた文化財を活用し，その中でいかに創造性を取り込むことができるのか，その過程で自分達の文化と社会の結びつきを考える社会的想像力の発想を培うことが必要です。このことによって

児童福祉が国や地方自治体というおとなの発想ばかりでなく，児童福祉の方向性に沿って子ども達の考え方を反映させることが可能になるのです。このことはまさに児童の権利に関する条約第12条の「子どもの意見表明権」，第13条「表現の自由」に他ならないのです。

3．児童神話があるとすれば

　子育てに関して，母性神話，三歳児神話，子育て神話という言葉を聞く一方で，これらの神話はすで崩壊したともいわれています。そこで，これらを信じるかどうかは別にしてもこれらの意味を整理する必要があります。なぜなら，これらの言葉が子どもの成長発達に関して，あたかも真実であるかのようにひとり歩きしていることがあるからです。神話は多くの人達が少なからず信じるようになり，共通の知識となることから生まれます。たとえば現在の子どもたちに対しておとなの理解は，① 今の子どもたちは話を聞けない。「みなさん」とよびかけても自分のことではないと思っている。人が話をしていても自分がしゃべりたい時にしゃべりだす。② ものを大切にしない。日常的な品物を大事にしない。無くしても探そうとしないなど。③ 注意されても悪くないと言い張る。自分の失敗を見られても自分がやったのではないと言い張ったり，自分が最初でないと言い張る。④ 人間関係を結ぶのが苦手で親友を作ることができない。そのため仲間意識が育たない。⑤ 自己中心的である。自分の都合を最優先し，気に入らないと相手を攻撃するなどがあげられます。これらは子育て中の親や教育関係者の多くから言われ続けてきており，ある種信じられてきており，多くのおとなが共感する事柄です。これらのことが時には神話として受け継がれていくのです。

　そこで上記の神話を整理してみます。

1）母性本能の神話

　この母性本能については，ルソーの『エミール』の中で母性愛が述べられ，母親として期待される愛情表現としてそのことが一般化してきたといわれてい

ます。しかしE.ショーターは，すでにそれ以前に「子育てへの質の高さは，女性の自分自身の教育的知性，社会性にあるもので決して本能ではなく社会によって作られたものである」としています[4]。その後それぞれの国家政策で母親にとっていかに母性愛が大切かが強調されてきたといわれています。元来本能は，動物や虫の世界のようにすでにプログラム化された行動であり，努力したり学習したりする内容ではありません。さらにこの「母性神話」についてはこれまで多くの研究者が論じてきていますが，その焦点は大日向雅美や亀口昌志などが指摘しているように[5]企業を中心にした男社会が，子どもの母親に母性神話を当てはめるほうが都合が良いと考えている傾向が未だ存在し，「母性本能」の喪失は母親の努力不足であると考える傾向が残っているからだと記しています。実際は子育てに対する父親や地域社会を含めて，周りの子どもたちが愛情豊かに育てられることが必要で，子育ての責任は母親のみにあるという考えを払拭させる必要があります。

2）三歳児神話

日本には古来「三ツ子の魂百までも」という諺があり，この意味は一般的に，幼児時代に培われた性格は老人になるまで変わらないことを意味します。つまり乳幼児期は母親の愛情によって育てることが必要であり，母親がこの時期に愛情をもって子育てをしないと子どもが成長するに従って精神的に，社会的に問題行動をもたらす可能性が強くなるという考えです。しかしこの「三歳」という時期について，平成10年版の『厚生白書』では研究の結果，合理的根拠がないことを記していますが，この考えが浸透した背景をさかのぼってみると，1935年のK.ロレンツの「インプリンティング」（刻印付け，刷り込み），1945年のR.A.スピッツの「ホスピタリズムの研究」，1948年のJ.ボウルビィの「マターナル・ディプリベーション」（母性喪失）等により研究者がこれらの結果を事実として世間に広めたことによるのです。

> ☕ **刻印づけ**
>
> 本来は動物学で、アヒルなどが卵から孵化した直後に見た動くものを自分の親だと認識し、追従、愛着を示す行動である。これは「刷り込み」「インプリンティング」とも呼ばれています。一度形成されると元に戻すことのできない決定的要素を含んでおり、学習における初期行動の重要性を示唆しています。

3）子育て神話

　この言葉は、「三歳からでは遅すぎる」とか「片親だと子どもが問題行動を起こす」などと曲解されて世間の親に浸透し、これらが山﨑晃資によると子育て神話として「小さい時に自分が受けた虐待は、必ず連鎖して、自分の子どもを虐待するようになる」「三歳までに母と子が分離すると情緒不安定な子になる[6]」として不安感を作り上げることにより信じられるようになったとしています。さらに2000年石田理恵が「*The Nurture Assumption*」の翻訳で「The Nuture (and Nutures) of the Evidence」を「子育て神話はどう生まれ、どう育まれたか」と訳し、子育て神話が言葉として使われ始めたと言われています。この本の中で子育て神話を裏付ける内容として、この本の著者であるJ・Rハリスが「愛情をこめて抱きしめると、優しい子どもになる」「寝る前に本を読み聞かせると、子どもは勉強好きになる」「離婚は子どもの学業成績を低下させる」「体罰は子どもを攻撃的な性格にする」と述べているところなども間違った子育て神話であるとしています[7]。

　上記の内容は、子どもに対する日本の考え方にも一般的に見られます。確かに日本の多くの母親は自分の子どもは少なくとも父親よりも母親としての自分に責任が多いと考えています。特に日本では社会学的研究が進められ、ロシア革命後ソビエト社会主義国家が成立した後、生まれた乳幼児が施設で専門家に育てられている過程で子ども達の情緒が不安定になるなどの問題がおきることが分かり、さらに第2次世界大戦で親を失った子が施設で育てられ、その成長過程でやはり情緒的問題が家庭で育てられた子ども達より多く、これをホスピタリズム（施設病）として問題を大きくしたのです。これらを根拠に日本では

多くの医者，保育者，研究者などに子育ては少なくとも3歳までは母親が育て，父親はその母親をサポートしなくてはならないという考えが普及してきました。ところがこれらのことが母親へのプレッシャーとなって子育てに対しての余りにも多くの情報の中でどれを信じてよいか分からなくなり，ますます子育てに自信をなくしてしまい，母親はノイローゼになったり，子どもを虐待してしまう原因となっているのです。子育てに必要なことは，子どもにとって周りに自分を信じ，愛してくれるおとなが多くいればいるほど安定した成長を成し遂げることができるということです。したがって，乳児から保育所に預けることが子育てで間違っているということはいえないのです。子どもにとって，親・家族・保育所・地域の中にどれだけ自分を愛し，信じてくれるおとながいるか。子どもを愛し，信じることのできるおとなを支える環境づくり，社会政策が重要です。

4．児童福祉が求めるもの

1）これからの児童福祉

　児童福祉政策の改革論は，これまで数多く論じられてきました。全国社会福祉協議会社会福祉懇話会（低成長下における社会福祉のあり方）（1976年）で「① 費用負担の原則の検討，② 公私役割負担の見直し，③ 供給体制の多様化の推進，④ 地域社会中心の社会福祉，また福祉三審議会合同企画分科会意見具申の① 市町村の役割重視，② 在宅福祉の充実，③ 民間社会福祉サービスの健全育成，④ 福祉と保健・医療の連携強化・総合化，⑤ 福祉の担い手の養成と確保，⑥ 福祉情報提供体制の整備」をあげていますが，これらの行政への提言も国としてはなかなか進まず，1994（平成6）年の「エンゼルプラン」，1999（平成11）年の「新エンゼルプラン」，2003（平成15）年の「少子化社会対策基本法」，「次世代育成支援対策推進法」，2004（平成16）年の「子ども・子育て応援プラン」の成立により児童福祉法の改正を行い児童福祉の見直しで対応してきています。ところが，少子化にしても，国の努力にもかかわらず2005

年の合計特殊出生率が1.29で深刻さを増しています。さらに2005年度上半期では出生率よりも死亡率が上回り，このままでは歴史上初めて日本の人口が減少に向いてしまうのです。

2）運動体としての児童福祉

行政の児童福祉の流れをかえ，変革していく運動体としてNPO法人，その他草の根的な民間の運動体との連携による行政の福祉制度への転換があります。またその考え方や地域住民からの発想による児童福祉を今よりさらに改良するための発想のせめぎ合いが必要になっています。この運動体が弱小であれば，福祉そのものは政府主導型になり，ただ与えられるだけの我慢の福祉になってしまうのです。

児童福祉の質への流れをかえ，変革していく手段としては，児童福祉各分野での各地域別事例検討による地道な貢献があげられます。特に2005（平成17）年4月に施行された「個人情報保護法」によって個人のプライバシーを守ることへの法的責任が問われるようになりましたが，児童福祉の事例研究は，児童福祉への人間観，児童の存在そのものへの考えを新たにしていきます。個人の権利と情報の保護を子ども事例研究の共通の枠組みとしてとらえて，さらに児童福祉に携わる人たちだけでなくすべての人が子ども一人ひとりへの共感的理解を示し，児童福祉的な考えの成長を促すために事例研究を行う重要性があるのです。

5．国際化（グローバル化）・人権宣言

児童の福祉を世界的規模で考える場合，その基本は子どもの権利をいかに復権させ，守るかということです。その歴史的起源は一般的に1922（大正11）年の国際児童救済基金連合による「世界児童憲章」で，すべての子どもの心身発達のための成長保障をしなければならないとしているところにあります。さらに，1924（大正13）年の一般的にジュネーブ宣言として知られている「児童の権利ジュネーブ宣言」で子どもの生存権と発達権を保障しようとしました。第

2次世界大戦後は，1959（昭和34）年の国連による「児童権利宣言」が採択され，1978年ポーランドのヤヌシュ・コルチャックの思想を受け継いだポーランドからの提案を国連の人権委員会が「児童の権利に関する条約」の作業部会を設置しました。これを受けて国連は1989年この条約を採択しました。日本は1994年158番目に締結国となったのです。

この条約は2003年世界191ヵ国が締結していますが，子どもの権利の保障という点では各国に大きな隔たりがあります。この理由は条約の中で「国内法の定めるところに従う」さらに「可能な限り最大限に確保する」などそれぞれの国で対応しやすいようになっているからです。このことは，できるだけ多くの国に締結してもらうための妥協から生まれたからといえます。元来条約のもつ重みは，各法律の上位概念に位置し憲法に沿って条約を吟味し，この条約と法律に齟齬が生まれた場合は，法律の方を改正しなければならないのです。日本では国連の児童権利条約委員会からの見直しによって，外務省はこの児童権利条約に照らして日本の法律は何ら抵触する項目はないと報告しています。だからこそ，それぞれの国の立場で子どもの権利の保障について論議し，運動をしていかなければならないのです。さらには，単に自国の子どものことだけでなくこの権利条約を十分に履行していない他国の事柄についても連携し協力して活動していく必要があります。

上記の動きに従って日本でも政府及び各種の団体・組織が子どもの権利を守る運動を世界の国ぐにと連携をもちながら展開しています。その中でたとえばOMEP（世界幼児教育機構）日本委員会では子どもの権利を守るために具体的には子どもの権利条約に関するプロジェクトチームを発足させ，その結果を「幼児期の平和教育」として報告しています。さらに国連の2001年から2010年を「世界の子ども達のための平和の文化と非暴力の国際10年」に合わせてOMEP日本委員会では2001年新たに「平和の文化と非暴力」に関するプロジェクトを立ち上げ，日本の子ども達の権利を守るための文化財について研究しています[8]。

注)
1) 網野武博『児童福祉学』中央法規，2002年，p.12
2) ① 補助金の削減，② 国から地方への税源の移譲，③ 地方交付税の見直しによって，地方自治体の予算運用の柔軟性を図ろうとするもの。
3) その芽は，高校生，大学生のロボットコンクールのように価値の創造への過程として一部では活発にその夢を実現させようとしています。
4) E. ショーター著，田中俊宏ほか訳『近代家族の形成』昭和堂，1960年
5) 亀口憲治『現代家族への臨床的接近』ミネルヴァ書房，1997年
亀口憲治『家族臨床心理学——子どもの問題を家族で解決する』東京大学出版会，2000年
大日向雅美『母性愛神話とのたたかい』草土文化社，2003年
大日向雅美編「育児不安」『心の科学』日本評論社，2002年
6) 山﨑晃資『子育て不安の処方箋』望星ライブラリー，2004年，pp.10～12
7) J. R. ハリス著，石田理恵訳『子育ての大誤解』早川書房，2000年
8) 畠中徳子ほか『幼児と人権』OMEP日本委員会，1999年
「平和の文化と非暴力」プロジェクト2006年1月

参考文献
・山縣文治編『別冊発達25：社会福祉法の成立と21世紀の社会福祉』ミネルヴァ書房，2001年
・日本総合愛育研究所　子ども家庭サービス教育研究ネットワーク編『別冊発達21：子どもの家庭施策の動向』ミネルヴァ書房，1996年
・『福祉を創る』『ジュリスト増刊』有斐閣，1995年
・小日向雅美『母性の研究』川島書店，1992年
・E. バダンテール著，鈴木　晶訳『母性という神話』ちくま学芸文庫，2002年

―――――――――――― 考えてみましょう ――――――――――――
① 地域社会での子育て支援の活性化のために，地域の社会資源の活用を視野にどんなことが可能か考え，話し合ってみましょう。
② 自分の住んでいる地域社会は自治体として独自にどのような児童福祉に取り組んでいるか調べてみましょう。

第1部　児童を取り巻く現代的課題

第1章　現代的課題

1．少子・高齢化社会と児童福祉

　「少子化」ということばは，今ではすっかりポピュラーなものとなりました。新聞の一面にこのことばが大々的に書かれていれば，記事の詳細を読まなくとも，日本の将来を危ぶむような文章が続くであろうことは，誰でも容易に推測できることでしょう。

　「少子・高齢化社会」ということばそのものは，別にそれほど危険な香りをもったものではありません──「生まれてくる子どもの数が減り，相対的に人口において高齢者の占める比率が高くなる社会」を意味するだけです。したがって，「高齢者中心に豊かな社会を作ろう」という希望を私たちがもてれば，少子・高齢化社会というものは恐れるに足るものではなくなると考えられます。

　ところが，日本の場合，「そういう豊かな社会を作るために，どういう対策を組むべきか」ということをちゃんと考える間もなく，あっという間に少子・高齢化が進んでしまったため（図表1－1），来るべき人口減少社会のもたらす弊害（労働力人口減少による経済成長率低下，現役世代を中心とする社会保障費の負担増大など）に有効な手立てを考えられないまま，危機感を募らせている状況に陥っているのです。

　そうはいっても，少子・高齢化社会に対して，さまざまな施策が考えられているのは事実です。たとえば，医療や年金問題は，最も大々的に論議されているもののひとつでしょう。そして，その問題と並行して，「高齢者の比率を少なくすればよいのだから，子どもがもっと増えるようにすればよい」と，少子化対策が大々的に行われるようになっています。もちろん，「子どもを生んで欲しい」と政府がアピールすればすぐに子どもが多く生まれるようになるというわけではありません。子どもを生みたくなるような環境こそ問われなければ

図表1−1 主要先進国の出生率の推移

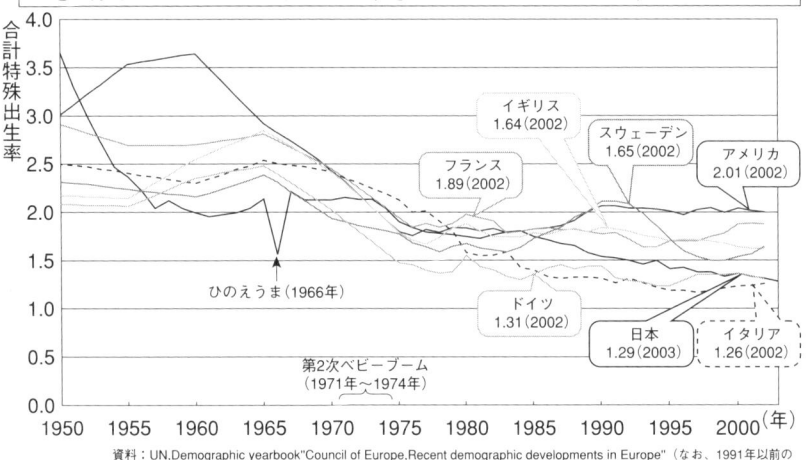

出典）厚生労働省（2005）．
※ 厚生労働省雇用均等・児童家庭局「全国児童福祉主管課長会議資料」（2005年2月28日），p.49より引用．

ならないわけです。そのため，国は1995（平成7）年度から1999（平成11）年度まで，文部・厚生・労働・建設四大臣合意によりエンゼルプランを発表し，2000（平成12）年度から2004（平成16）年度まで，上記四大臣と大蔵・自治二大臣（当時）合意のもとで新エンゼルプランを実施することで，保育サービスの充実等を図ってきました（省庁名　プラン策定当時のまま）。

ところが，それでも少子化傾向に歯止めがかからないため，政府はプランを再検討し，① 働き方の見直しが進んでいない，② 子育て支援サービスがどこでも十分に行き渡っている状況になっていない，③ 若者が社会的に自立することがむずかしい社会経済状況があるということに注目するようになっています。

これらの課題を解消するために，2003（平成15）年には少子化社会対策基本法と次世代育成支援対策推進法を制定し，地方公共団体・企業等において行動

計画の策定を義務付け，あわせて児童福祉法等を改正して，子育て支援サービスの充実を図っています。さらに2004（平成16）年には，少子化対策基本法の主旨を踏まえて策定された，少子化社会対策大綱を閣議決定し，今後の具体的プランの枠組みを定めた上で，各地方公共団体における行動計画の状況を踏まえつつ，子ども・子育て応援プランを策定するに至っています。

　子ども家庭福祉従事者は，こうした政策動向から生まれてくる諸サービスの開発や利用を促進する触媒となって，「社会的な要因によって子どもが生み育てられない」という状況を解消するために活動していく必要があります。

2．児童虐待と児童福祉（図表1－2）

　子ども虐待とは，「子どもに対する不当な扱い」のことです。子どもは，おとなと比べて，周り（特に保護者）に依存しながら自らの成長・発達ニーズを充足していくことが必要な存在だといっていいでしょう。しかし，「イライラするから」という理由で叩かれたり，「鬱陶しい」という理由でご飯を食べさせてもらえなかったり，あるいはおとなの性的欲求充足の材料として使われたりと，おとなの欲求に振り回されて生活している子どもたちが少なからずいることがわかってきています。そして，このような環境では，子どもは自らの成長・発達ニーズを充足していくことはできず，身体的・知的・情緒的にさまざまな問題をもたらしていくこと，ときには将来的にその子ども自身が虐待者になってしまうことも指摘されるようになっています。

　少子化の時代に信じられないことかもしれませんが，こうした被害にあう子どもたちが以前よりも増えているのではないかといわれています。実際，全国の児童相談所で処理した虐待相談件数についてみると，1990年にはわずか1,101件であったものが，1999年度には11,631件，2000年度に児童虐待の防止等に関する法律が制定されたことを契機にさらに急増し，2003年度の虐待相談処理件数は26,569件となっています。「相談処理件数が増えたから虐待が増えた」と簡単にはいえませんが，この増え方を看過することはできないでしょう。

図表1－2　子ども虐待防止対策の現状について

児童虐待防止対策は、社会全体として早急に取り組むべき課題

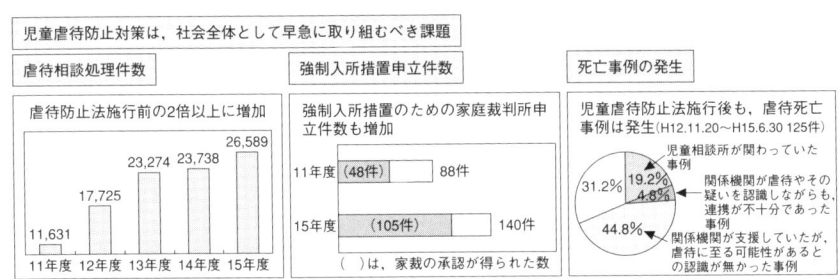

虐待相談処理件数	強制入所措置申立件数	死亡事例の発生
虐待防止法施行前の2倍以上に増加 11年度 11,631 12年度 17,725 13年度 23,274 14年度 23,738 15年度 26,589	強制入所措置のための家庭裁判所申立件数も増加 11年度 (48件) 88件 15年度 (105件) 140件 （　）は、家裁の承認が得られた数	児童虐待防止法施行後も、虐待死亡事例は発生（H12.11.20～H15.6.30 125件） 19.2％ 児童相談所が関わっていた事例 4.6％ 関係機関が虐待やその疑いを認識しながらも、連携が不十分であった事例 44.8％ 関係機関が支援していたが、虐待に至る可能性があるとの認識が無かった事例 31.2％

児童虐待を防止し、児童の健全な心身の成長、自立を促すためには、切れ目のない総合的な支援が必要。

発生予防　→　早期発見・早期対応　→　保護・支援

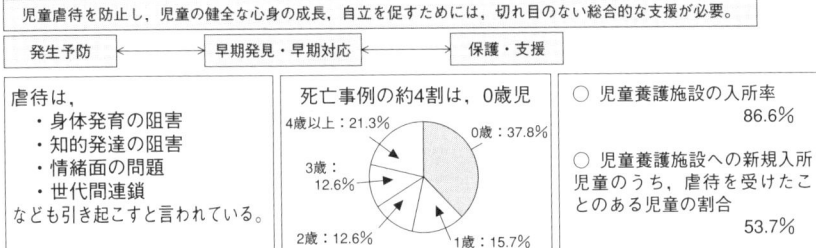

発生予防	早期発見・早期対応	保護・支援
虐待は、 ・身体発育の阻害 ・知的発達の阻害 ・情緒面の問題 ・世代間連鎖 なども引き起こすと言われている。	死亡事例の約4割は、0歳児 0歳：37.8％ 1歳：15.7％ 2歳：12.6％ 3歳：12.6％ 4歳以上：21.3％	○児童養護施設の入所率 86.6％ ○児童養護施設への新規入所児童のうち、虐待を受けたことのある児童の割合 53.7％

発生予防	早期発見・早期対応	保護・支援
一般子育て支援 （孤立化防止） ・つどいの場の拡充 ・地域子育て支援センターの拡充 ・一時保育　等	児童相談所の体制・機能強化 ・児童福祉司の配置基準の見直し ・弁護士、精神科医等との連携 ・家庭裁判所の関与の強化	児童福祉施設等の機能・システムの充実 ・地域小規模児童養護施設の拡充 ・心理療法担当職員の配置 ・個別対応職員の配置 ・児童福祉施設の年齢要件見直し・里親支援の拡充
虐待ハイリスクの家庭の把握・リスク低減（母子保健活動） ・健診に心理相談員、保育士の配置 ・周産期の家庭訪問 ・周産期医療施設との連携強化　等	児童相談所職員の資格、研修の充実等 ・専門研修の実施 ・児童相談所長の研修義務化 ・児童福祉司の任用要件の見直し（実務経験を要求）	施設退所後の支援の充実 ・施設退所児童に生活福祉資金貸付 ・雇用促進住宅の入所条件緩和 ・アパート身元保証人に対する債務保証制度 ・施設の業務として、退所児童に対する相談援助を追加 ・年長児童を対象とする自立援助ホームの業務に「就業の支援」を明示
育児支援のための家庭訪問 ・自ら訴え出ないが過重な育児負担のある家庭を訪問し、育児支援を行う事業を創設	市町村による相談援助の実施 虐待防止ネットワークの法定化 専門家による児童虐待等要保護事例の検証	保護者への指導・支援 ・弁護士、精神科医等との連携 ・家庭裁判所の関与の強化 ・保護者へのカウンセリングに係る知見の集積
虐待を認めない社会づくり ・中高生の乳幼児ふれあい体験 ・様々な媒体を活用した広報 ・児童虐待防止推進月間の創設		

虐待の背景は多岐に渡る。福祉関係者のみならず、医療、保健、教育、警察など地域の関係機関や地域住民の幅広い協力体制を構築し、児童虐待防止対策を実施していくことが有効

出典）厚生労働省（2005）．
※厚生労働省ホームページ（http://www.mhlw.go.jp/bunya/kodomo/dv-02.html）より引用（2005年10月7日付）．

子ども虐待に対応する現場も様変わりしています。以前は，保護者との信頼関係形成を大切にしながら援助を展開することが一般的でしたが，児童相談所の緩慢な動きに批判が浴びせられるようになると，保護者の同意なきまま子どもを保護し，施設入所措置をとるような対応も急増していきました。

　また，そうした保護者との対立も辞さないような対応が迫られている児童相談所におんぶに抱っこというわけにもいかないだろうということが徐々に認識されるようになってきて，最近では，保健センターや保育所，幼稚園，学校，民生児童委員，警察等々，ありとあらゆる機関が予防，早期発見・早期対応，保護・支援の各段階で，それぞれの特性を活かした活動をしていこうという方向性が確立されてきています。子ども家庭福祉従事者には，自分ひとりで問題解決をしようとするのではなく，こうした多様な援助機関をうまく活用しながら，子どもとその家族が自立できるように支援していくことが求められるようになっています。

3．環境問題と児童福祉

　環境問題といえば，地球環境の危機が近年叫ばれて久しいですが，地球温暖化・オゾン層破壊・森林伐採をはじめとする自然環境破壊，食物連鎖の異変などなど日常的に耳にする問題となっています。しかし，それらと児童福祉の関連はと問われたときすぐに結びつくでしょうか。地球環境が変化したからといって，現代の児童の育成に何がどのように影響しているのでしょうか。また，環境問題などを児童福祉と関連付けて考えるなんてと思われがちではないでしょうか。しかし，20世紀初頭の先人，エレン・スワローはすでに環境科学としてのエコロジーと家庭科学（ホーム・サイエンス）の統合をもくろんでいたのでした。

　彼女にとって，ホーム・エコノミックス（家政学）はホーム・エコロジーであり，ギリシア語でエコロジーとは「家の科学（サイエンス・オブ・ハウス）」を意味していました。

ロバート・クラークの（工藤秀明訳『エコロジーの誕生－エレン・スワローの生涯』新評論, 1997年）には、エレン・スワローが1870年代に,「ヒューマン・エコロジー」を構想していたことや家政学をヒューマン・エコロジーとしてとらえるべきであると，彼女が提唱して開かれたレイク・プラシッド会議（アメリカ家政学会の母体）において認められていたことが紹介されています。

一方，アメリカのソーシャルワークにおいてもエコロジーの考え方に影響され，環境と人間の関係を考えるようになり，システム理論やファミリーソーシャルワークに結実されています。

また，幼稚園教育要領では，保育内容に「環境」がありますが，幼児の生活環境や保育環境と同時に環境とは保育者を始め幼児を取り巻く親・親戚・兄弟姉妹など人間を意味しているとあります。環境としての保育者及び親兄弟などの人間との関係について，その環境問題とは何かについて考えてみたいと思います。

1)「エコロジーの創始者」エレン・スワロー

19世紀と20世紀の消費者運動と環境運動を組織し「ホーム・エコノミックス」運動を世界的なものにしたエレン・スワローは「女性は人間最初の環境であり，もし，女性が環境に関する学問を理解し教えることができるようになれば，人々は子供時代にそれを学ぶことができる」と人間最初の環境すなわち，女性を育てる決意をしたのでした。何故そのように決意したかといえば，エレンの活躍した時代がとりわけ自然科学については男性優位の世界であったからです。彼女が行った環境に関する仕事に当然帰せられる栄誉が彼女に与えられなかったばかりでなく，教え子の男性の栄誉と解されたこともありました。

エレン・スワローに関する前掲の書には次のように書かれている箇所があります。

「ヒポクラテスは，生命にとってはきれいな空気と水と土が必要であると強調していた。2000年後にこれらを研究する中で，この女性化学者には，あの最初の科学者が考えていたことの意味がわかってきた。つまり生命とは，これら

3つの相互に作用しあっている環境要素が生み出し,維持しているだけなのである。こうして,すべてのものの中に生命の形跡を発見したエレンは,この驚異について研究するよう「召され」ているように感じた。」また,「エレンがマサチューセッツ工科大学で最初の数年間に行った,空気,水,土に関する研究は環境科学の基礎を据えるものであった。(中略)水科学においては,エレン・スワローの右に出るものはなかった。(中略)人間や工業の用を足し,再び大地に流れだすまですべての経路における水を研究した。土といえば農場出身のエレンにとって,もちろん親しみ深い分野であった。(中略)実験室まで持ち帰っていたのでは数時間を要するようなものを,その場でテストできる新しい方法や器具を開発した。しかも彼女の仕事は決しておざなりなものではなく,むしろ並外れて徹底したものであった。1877年にエレン・スワローは,論文「磁硫鉄鉱と鈹に含まれるニッケルの新しい判定法」を発表して,鉱物学における諸論争できわだった調停役を果たし,その2年後にはアメリカ鉱山・鉱物技術者協会の最初で唯一の女性会員に選ばれた。」すなわち,エレン・スワローは空気と水と土において一流の化学者でした。しかも,環境について研究すればするほど,エレン・スワローは環境と生命の関係にのめり込んでいったとともに,環境科学と生命科学を結合させ,さらに進んで,人間の食事を形づくっている植物や動物,すなわち食物にいたって,人間生活の諸科学に近づいたのです。

エレンの業績は偉大すぎて,後年のものにとっては,これが一人の女性の仕事と認めることができないほど,研究や消費者運動や環境運動に化学者としての研究成果を裏づけに活動していました。

『健康』『家庭衛生設備』や1882年の『調理と洗濯の化学』書簡「助言を求める形で,著名な自然研究者(ナチュラリスト)たちに宛て」など環境と健康に関する業績があります。

1892年11月30日,日常生活の科学をエコロジーと命名しました。しかし,1893年9月16日に『イギリス医学ジャーナル』が発行され,エコロジーの定

義を載せたのでした。それは、「エコロジーは、形態学や生理学から獲得しうる知識を用いるが、主として自然状態の下で現れる動植物の生命の諸現象を探求し開発し利用する（exploitation）ことに基礎をおいている」というものでした。それ以来、エコロジーという言葉は、人間環境に応用されることを意味しなくなったのです。しかし再びそれは、1970年代アメリカのソーシャルワークでは、人間環境と融合した形で、家政学と近接の生活福祉場面で登場することになります。

2）ソーシャルワークとエコロジー

1970年代のアメリカでは個別援助技術と集団援助技術の統合化の流れの中、ソーシャルワーク全体に共通する基礎概念が確立されました。それが人と環境の相互作用に焦点を当てた、エコロジカル・システム・モデルです。エコロジカル・システム論あるいはエコシステムともいい、エコロジカル理論とシステム理論を統合しています。

エコロジカルとは生態学のことで、生物がどのように環境に適応するかまたは、環境と生物の関係を調べる学問です。しかし、システム論とは取り巻く環境をすべてシステムととらえ、それぞれの組織の関連性を考えます。たとえば、個人が変化するとまわりも変化しますし、周囲が変化すると個人も変化するととらえます。

エコロジカルの視点では、環境の中で個人を理解しますが、システム論では環境が個人に働きかけ、個人が環境に働きかけることを理解しようとします。その両方の視点は大切なことです。'状況における個人'をとらえる視点は古典的ソーシャルワークの中で'貧困'が個人の責任として理解されていたことから、'貧困'とは、人間の一生の中で子沢山の時期や老齢になって働けなくなった時期に陥るものであり、その時期の経済的保障を社会的に準備しようという近代国家の社会保障制度を生み出しました。社会保障制度の確立の中でソーシャルワークとエコロジーの考え方が結びついていったのは自然なことでした。

貧困家庭の中にあって、ソーシャルワーカーは個人に働きかけるだけでなく

環境に働きかける，あるいは，クライエントが環境に働きかけるようにクライエントに働きかける。その理論的基礎となったのがエコロジカルです。

しかし，アメリカでアルコール依存症の家族援助を行っているうちに，環境の中で個人を理解し，環境の中で抱えている問題を理解するだけでなく，家族と個人が抱えている問題を理解する手法が生まれました。アダルトチルドレンと呼ばれたアルコール依存の親を持つ子どもの問題です。親がアルコール依存で家族機能が十分果たせないでいると，子どもが親の果たせない家族機能の代替をして，兄弟間で分散して代替をするというものでした。たとえば，長男が問題を起こすとそのときは夫婦が協力的になり，次男は優等生になって，長男が掛けた心配を打ち消すかのように親の期待を一身にうける。そして三男はアルコール中毒の父親や問題を起こした長男また，優等生であるがわが道を行く次男の分まで母親の愚痴の聞き役となり甲斐甲斐しく母親の面倒をみる子どもとなっている場合などですが，何故アダルトチルドレンと呼ばれたかというと，おとなになって，精神的病に陥っている場合が多かったからです。あるべき，本来の自我形成でなく仮に，家族が期待している姿を演じて大きくなった，心（自我）が子どもの状態のおとなです。

後に，アルコール依存症の機能不全家族だけでなく，何らかの問題を抱えて機能不全に陥った家族にも，問題のアダルトチルドレンが見出されてきたのでしたが，多くの場合本人が環境に適応するようにするだけでは問題は解決されませんでした。環境としての親が変化すると本人が変わるのです。どのように環境に働きかけたら本人もその環境としての家族も問題解決していくことができるかという視点が大切となってきました。特にこのように家族内のシステムに注目した理論を家族システム理論といいます。

アメリカは，移民の国です。多文化家族がどのように社会に適応していくかが問題となっています。多文化家族の中にも，家族機能不全を起こす事例が散見され，ファミリーソーシャルワークや環境とシステム調整の必要性が取りざたされてきました。白人と黒人の間に生まれた子どもが，白人文化圏にも黒人

文化圏にも属することができない，自分の固有性がどこにあるのか，アイデンティティーが確立できないマージナルマン（境界性人間）の出現が社会現象としてありました。白人と黒人の間だけではなく，東洋人やイタリア系移民の間にも同じ現象があります。それは，グローバル化してきた日本においても考えられなければならない問題です。地域によって差はありますが，常に五ヶ国語以上の言葉が話されているという保育園もあります。単に家族内の問題としてだけでは片付けられないのではないでしょうか。保育士・幼稚園教諭が児童福祉の中でソーシャルワークを行う必要があるとき，エコシステム理論に基づいた援助が望まれます。

　ウィッタカーとトレイシーによる，家族ソーシャルワークの際の家族療法及び援助理論を紹介しておきます（小田兼三・杉本敏夫・久田則夫編著『エンパワメント』中央法規，1999年）。

① 個人とその環境との間の相互作用パターンに注目する。
② システム論的アプローチ方法をとる。すなわち，家族システム，家族構造，家族関係やその実質的な内容に焦点を当てる。
③ 家族は，問題変容のための資源を保持しているばかりでなく，家族システムそれ自身変容しえる実態として理解する。
④ コミュニケーションの訓練，役割体験，家族造形（時間や場面を変えて家族を彫刻する体験），他の家族成員とともに体験するホームワークといった「実践的なセラピー」のアプローチ法をとる。
⑤ セラピストが家族に巻き込まれないように，共同セラピストを活用する。
⑥ 「今，ここで」の状況を中心に，現在の行動やその維持に関与している要因に焦点を当てた変容援助である。

3）児童の生育環境としての人間

　前節ではエレン・スワローの「女性は人間最初の環境であり…」と児童の生育環境としての人間を育てる決意を紹介しました。

　今日，日本の制度では，保育所保育指針の中に，次の様な文章が見受けられ，

他の環境同様人的環境を含めた保育環境への配慮を謳っています。

> （保育所保育指針　総則）
>
> （3）保育の環境
> 　保育の環境には，保育士や子どもなどの人的環境，施設や遊具などの物的環境，さらには自然や社会の事象などがある。そして，人，者，場が相互に関連し合って子どもに一つの環境状況をつくり出す。
> 　こうした環境により，子どもの生活が安定し，活動が豊かなものとなるように，計画的に環境を構成し，工夫して保育することが大切である。

　幼稚園教育要領の保育内容に「環境」がありますが，児童の環境整備に対して，保育者の責任をあげています。
　保育環境にとどまらず，幼児を取り囲む自然や社会現象へ，保育者の視線が注がれていく必要があります。

4）環境問題と児童福祉

　自然環境の荒廃の影響が，顕著に児童の育成環境の悪化につながっているということは，すぐに因果関係を証明することはできません。また，いちじるしい社会変動にともなう社会環境の変化が，どのように児童福祉にかかわってきているのか，明らかにするには，長い年月がかかると思います。テレビゲームやパソコン，家電が発する電磁波と児童の発達にかかわること。兄弟の減少や地域に同世代の子どもが少なくなったことが子どもの発育にどのように及ぼしているのか。人間関係の構築力を減少させているとすれば，どのような手立てがあるのか。保育の現場で児童の健全育成を目指している保育者は，日常的に問題を感じていることもあると思いますが，そのことが声にあがってこない，あるいは声に上げられないことが問題なのかもしれません。
　環境問題と児童福祉については，特に年月を要する基礎的な継続研究となるので，心して，政策的に取り組んでいく課題となります。養老猛司氏は，関係する幼稚園現場からも問題提起を行っています。「たとえば，同じ年に子ども

が生まれた何百という家庭で，一日に何時間テレビゲームをしたか。どういう生活をしたか協力していただいて記録をつけてその子どもがおとなになったときにどのような違いが発見されるか。そのような長い年月をかけて証明されるような基礎的な研究」を予防的な研究として，国家的な予算をつけていくことが大切であると講演の中で語っています。

地味な基礎研究ですが環境問題と児童福祉を結びつけて，統合していく視点が望まれます。先見性を持ったエレン・スワローが活躍した時代にも自然科学と環境や生活と結びつけることが困難でありましたが，少子化・高齢化またグローバル化していく現代社会では，少子化は少子化対策だけで問題が解決するわけではなく，高齢化は高齢化対策だけで解決が着くわけではなく地球環境全体・日本社会と世界，また人やもののつながりや影響関係・因果関係を調整する視点を作り上げて解決の糸口となって行くことでしょう。多くの困難が予想されますが，百年も前に実際に「人間の最初の環境としての女性教育」を目指した，エレン・スワローに習いたいものです。

参考文献
- ロバート・クラーク著，工藤秀明訳『エコロジーの誕生——エレン・スワローの生涯』新評論，1994年
- 小田兼三・杉本敏夫・久田則夫編著『エンパワメント——実践の理論と技法（これからの福祉サービスの具体的指針）』中央法規，1999年

4．情報化と児童福祉

高度情報化社会とよばれている今日，さまざまな情報を新聞，テレビ，ビデオ，ラジオ，書籍，インターネットなどによって知ることができます。特にインターネットは，世界中に網の目のように接続されており，いつでもどこでも世界中の情報を入手することができます。このインターネットの普及は，私たちの生活に利便性をもたらし，生活スタイルを大きく変化させました。特に近年では，携帯電話でインターネットが利用できるようになり，子どもからおと

なまで幅広い世代で利用されています。

1）インターネットの歴史

インターネットは，1960年代後半のアメリカとソ連（ロシア）の冷戦時代に開発されました。しかしこの当時は，インターネットではなくアーパネットという名称が使われ，軍事用のデータやファイルの交換をする目的として4ヵ所を回線で結び使用されていました。その後，1970年代後半から1980年代前半にかけてアーパネット以外にも，ユーズネットやエヌエスエフネットというネットワークが開発され，主に大学と大学を結ぶものとして使用されました。徐々に接続先も増加し，のちにインターネットという名称になりました。日本では1989年にインターネットの接続が開始されました。その後，ネットワークが拡大し，1990年代には大学や企業等で積極的に導入され，2000年以降は一般家庭にも急速に普及しました。

2）高度情報化社会の光と影

インターネットが急速に普及し，現在では，オークション，ショッピング，バンキング等のさまざまなサービスが利用できるようになりました。しかしその一方で，さまざまな犯罪やトラブルも発生しています。その例として，コンピュータウイルスや個人情報の流出，有害サイト，ネットストーカー，違法サイト，著作権の侵害，詐欺行為などの犯罪が発生しています。児童が関係するインターネット関連の犯罪では，いわゆる出会い系サイトに関連した事件が数多く発生しています。警察庁の統計によると，2004年には1,582件発生しており，その中で，出会い系サイトにアクセスする手段として携帯電話を使用したものが1,519件であり，全体の96％に及びます。さらに被害者のうち，18歳未満の児童が関係する事件は1,085件（被害者全体の84％）発生しており，その中でも女性が関係する事件は，1,076件（被害児童の99％）発生しています。被害者の小中高別では，小学生が3人，中学生が372人，高校生が538人（18歳以上の児童ではない者も含む）であり，特に中学生と高校生の被害者数が高いことが分かります。

3）事件事例

インターネット関連の犯罪で，警察庁の発表による都道府県警察が検挙した事件は下記のようなものがあります。

① 児童買春・児童ポルノ法違反事件

被疑者は，出会い系サイトで知り合った女子児童3名とホテルで児童買春をした後，同児童との性行為等を撮影して児童ポルノを製造した。

② 児童福祉法違反事件

被疑者は，出会い系サイトで知り合った男に，友人の女子児童を性交の相手として紹介して性交させた。

③ ストーカー規制法違反事件

被疑者は，交際を断られた女性のパソコンや携帯電話に，執拗に電子メールを送信し，ストーカー行為を行った。

④ インターネットオークションの詐欺事件

被疑者は，「パソコンを売ります」といった虚偽の情報を掲載してインターネットオークションに出品し，落札者162名から総額3,700万円を騙し取った。

⑤ 著作権法違反事件

被疑者は，ファイル交換ソフトを利用して，著作者の許可なく不特定多数の人が閲覧（利用）できる場所にパソコン用のソフトを保存し，著作権を侵害した。

上記の事件事例は，ごく一部であり，この他にもさまざまな事件が発生しています。私たちが事件に巻き込まれないための対策として，① 興味本位で出会い系サイトを利用しない。② 知らない相手に氏名・住所・電話番号・性別・生年月日・メールアドレスなどの個人情報を教えない。③ ネットショッピングやオークション，懸賞などを利用する場合には，信頼できる相手かどうかを十分に確認する。④ IDやパスワード等の管理を徹底し，定期的にパスワードを変更する。⑤ セキュリティ対策ソフトを導入する。―などがあげられます。また，日頃からテレビや新聞，インターネット等のニュースで情報を得て，「自分だけは大丈夫」などといった間違った判断をせず，十分に注意しま

しょう。

4）情報モラル

高度情報化社会の進展にともない，私たちの生活がとても便利になりました。しかしその一方で，高度情報化社会のさまざまな問題点も浮き彫りになり，情報モラルを十分に理解することがとても重要になりました。情報モラルとは，情報社会で適正な活動を行うための基になる考え方と態度のことであり，学校教育の場では，小学校では「総合的な学習の時間」などで，中学校では「技術・家庭」の技術分野などで，高等学校では「情報」などで取り上げられています。これらは，知識として教えるだけではなく，前記のような事件事例等を使って児童・生徒自身に検討・研究させることで，問題点の把握と情報モラルを育てるといった取り組みもされています。私たち一人ひとりが情報モラルを理解し，犯罪に巻き込まれないように未然に防ぐことが大切です。

5）電子申請システム

近年では，インターネットを利用して，国や自治体へさまざまな申請・届出・申し込みができる電子申請システムが登場しています。これは，自宅等のパソコンから，保育所の入所申し込み，乳幼児医療費助成制度医療証の交付申請，児童手当の認定請求，マタニティクラスの申し込み，母子健康手帳の交付申請などを行うことができます。また，保育所の場所や，保育所の空き状況一覧表の閲覧をすることもできます。利用者は，これらのシステムを利用することにより，役所の窓口に行かなくても，24時間いつでもさまざまな手続きを行うことができます。

6）犯罪防止のためのネットワークづくり

近年では，登下校中の連れ去り事件や，学校内に侵入しての殺傷事件など，児童を狙ったさまざまな悲惨な事件が発生しています。これらの事件を防止し，安全で安心な学校や地域づくりのためには，地域で協力して安全への取組みを充実させることが不可欠です。このような中，全国の自治体等で，電子メールを使用したネットワークシステムの導入が行われています。このシステムは，

図表1－3　電子申請システムの例　　図表1－4　保育所空き状況一覧表の例

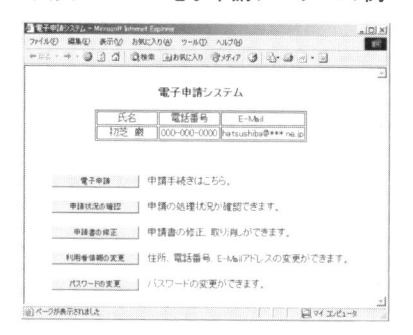

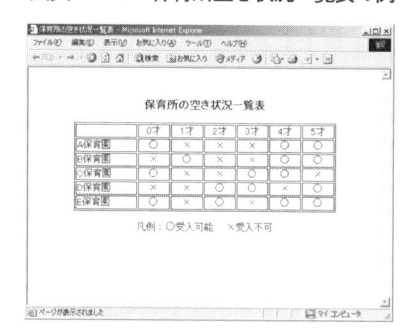

行政や保育所，学校等から保護者や地域住民等に対して，不審者情報や災害情報といった緊急連絡などを，あらかじめ登録された携帯電話やパソコン等の電子メールに一斉配信するものです。電子メールの内容は，主に子どもが遭遇した不審な声かけや痴漢，露出，ひったくりなどが発生した日時と場所，不審者の特徴などです。このシステムの導入により，迅速で確実に情報を伝達することができ，また，地域住民間で情報の共有ができるといった利点があります。

参考文献
・警察庁　http://www.npa.go.jp/
・文部科学省編『小学校学習指導要領』国立印刷局，2004年
・文部科学省編『中学校学習指導要領』国立印刷局，2004年

図表1－5　配信メールの例　　図表1－6　電子メール配信のイメージ

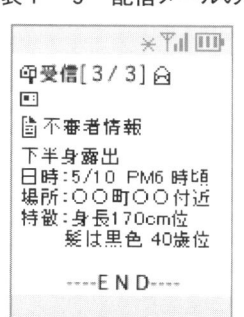

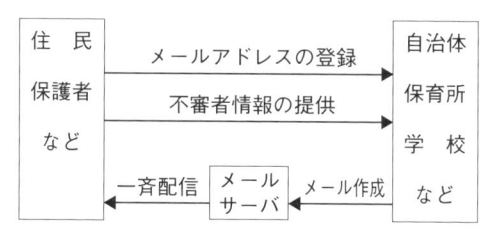

・文部科学省編『高等学校学習指導要領』国立印刷局，2004年
・山下博通『ネットワークシステム』実教出版，2004年

5. 発達課題と児童福祉

1）発達課題とは

　人間の一生を眺めみたとき，乳幼児期ほどその発達のいちじるしい時期はありません。人間の発達は連続的なものであり，心や体，諸機能は，遺伝に加え環境との相互作用により，らせん状に進歩していくものであるといえます。しかし，その過程には各世代に特徴的な姿があり，それを発達段階とよんでいます。たとえば，○○歳になると，○○ができるようになる，というよないわば発達の目安です。その発達段階に対応して，各世代に達成しておかなければならない課題，それを発達課題（developmental task）といいます。

　発達課題とは，「個人が社会的に健全に成長するために乳幼児期から老年期までの人生のそれぞれの時期に習得が必要な課題」[1]であり，アメリカの教育社会学者ハヴィガースト（Havighurst,R.J.,1990-1991）が中心的に提唱しました。ハヴィガーストは，乳幼児期から老年期までを6期に区分した発達段階に対応した課題を設定し，おのおのの発達段階での発達課題を順調に達成すると次の段階の課題達成が容易になり，それが達成できないと次の段階の発達を困難にするとしました。つまり，発達段階には適時・適切な発達課題があるとされ，この考え方は，主に教育の分野，学童の就学時期や学習課題などを設定する際の目安としてきました。ここでは，青年期までの発達課題をみてみましょう（図表4－2第1部第4章, p.92）。

　この他にも，さまざまな研究者により発達課題は別のファクターから提唱されています。たとえば，発達課題に類似する概念として，エリクソン（Erikson,E.H.,1902-1994）は人格発達における3つの側面から8つの発達段階を区分しています。彼は人生を表（図表4－2第1部第4章p.92）のような8つのライフサイクルに分け，パーソナリティの健全な発達のためには各段階での課

題がその都度達成，または獲得されなければならないと述べています。また，マズロー（Maslow, A. H., 1908-1970）は，発達にかかわる欲求（ニーズ）を階層的にとらえ，生存に必要な生理的欲求を底辺に，発達に伴い集団や自己実現の欲求が形成されていくとし（図表1－7）のようにあらわしました。

2）発達課題と児童福祉

児童福祉法の第1条に，「すべて国民は，児童が心身ともに健やかに生まれ，且つ，育成されるよう努めなければならない」とあるように，子どもたちが健やかに育ちゆくための環境を作りだすことは，児童福祉の中心的課題であるといえます。ポルトマン（Adolf Portmann, 1897-1982）[2]は，人間の赤ちゃんが無力な状態で生まれてくる姿から，他の高等哺乳動物と同等の機能を持つためにはさらに1年母体にとどまる必要があったとし，人間の出生のありようを「生理的早産」と述べています。つまり，人間は生得的に守られる権利をもって，生まれてくるのだといえます。児童福祉の理念は，このように生物学的にも保障されているものなのです。さらに，子どもたちの発達に応じた適切な支援のためには，その発達の様相を十分に理解することが重要です。発達段階を指標とすることにより，発達の異常や遅延などをとらえることや時には発達支援の

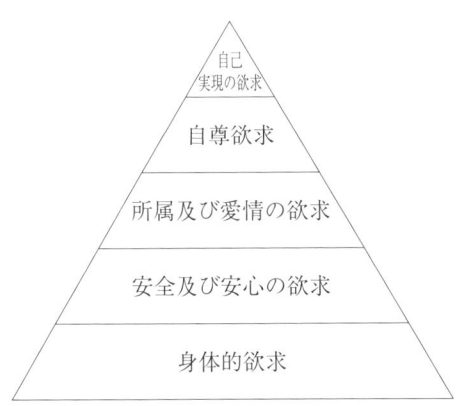

図表1－7　マズローの欲求階層

（ピラミッド図：下から順に）
- 身体的欲求
- 安全及び安心の欲求
- 所属及び愛情の欲求
- 自尊欲求
- 自己実現の欲求

出典）A.マズロー著，小口忠彦監訳『人間性の心理学』産能大学出版部，1972年

必要な障害の早期発見につながることもあります。近年は，このように子どもたちの発達している姿を追うための目安として，発達段階や発達課題が用いられることが多いでしょう。

　しかしながら，発達段階や発達課題は，絶対的なものではありません。いうまでもなく，人間の発達は一様ではないからです。その要因のひとつに文化差があげられます。身体的な発達には文化間の相違がそれほど見られなくても，その文化で大切にされている社会的要求に基づく精神的な発達には差異がみられます。それは，人間の生得的な特徴に加え，発達には家庭環境や地域などの社会的な影響が大きく関わるからです。たとえばハヴィガーストの発達課題は，50年以上も前のアメリカの中流家庭の調査により抽出された理論です。発達区分もわが国の基準とは若干異なりますし，現代のわれわれとは生活様式，価値観が違います。したがって，わが国に育つ子どもたちや人びとに適した指標とするには，現代のわが国独自の発達課題を整理する必要があります。2つめの要因としては，個人差です。発達の姿は，同じ両親から生まれたきょうだいであってもそれぞれの個性があるように，スピードも時期もそれぞれ微妙に異なります。近年の情報過多な時代の傾向として，発達課題の目安が養育者の不安を募り，必要以上に我が子の成長を危惧する親も増えています。また，達成されていない発達課題に注目するあまり，一面的に子どもを評価し，性急に障がいを疑ったり，レッテルを貼ったりすることもみられます。

　発達課題が，このようにゆがんだ形で用いられることは，本来の目的に沿うものではありません。発達課題は，子どもを評価する基準ではありません。すべての子どもが生き生きと健やかに人生を送り得るための支援を保障するための指標となるものです。子どもたちの発達の状況を把握し，その不足を補い，あるいは次の教育目標の立案や環境を設定するために参考にすることで，一人ひとりに適した発達支援を行うことができる，そのためのものであることを忘れてはなりません。

注)
1) 岡本夏木ほか『発達心理学辞典』ミネルヴァ書房，1995年
2) A. ポルトマン著，高木正孝訳『人間はどこまで動物か』岩波書店，1961年

6 児童買春と児童福祉

1) 児童買春とは

「児童買春」とは，18歳未満の子どもの性を買う行為のことです。そして18歳未満とは，0歳〜17歳の子どものことです。

日本のような経済的に進んだ国で児童買春といえば，一般的には一部の不良少女達がお金やブランド品欲しさに自分の意思で行っているのだとする認識があります。この認識には誤解がありますが要因の当否はひとまず置いて，児童買春の事実についてもう少し広い視野でこの問題を見ていきたいと思います。

近年新聞やテレビなどで報道された事例に，日本の地方都市に住む60代の男性がタイから17歳の少女を二百数十万円で買い取り，売春を強要していたという話がありました。正に売春目的の人身売買例ですが，この事件から人身売買を斡旋ブローカーや組織の存在も明らかになりました。

この事件の報道の少し前に，日本は先進国でありながら人身売買に対して取り締まりの甘い国であるとアメリカ政府から厳しく指摘されたのでした。また，その前後に貧しいアジアの国々に出かけていって児童買春して憚らず，現地警察から取り締まられても，罰金を支払っては懲りずに再三現地で児童買春を繰り返す日本人男性の実態などが報道されていました。現地警察は，経済的に貧しい国にとっては大金でも，先進国の一般人にとっては少し高い小遣い程度の金額で旅費交通費を含めてもわずかな金額で，子どもと簡単に性交の相手にできるという絶対的な貧富の格差という実態がある限り，いたちごっこのような取り締まりをしてもこの問題を解決できないことへの苛立ちとして語っていたのが印象的でした。

その後も，世界各地から子どもに関わる拉致報道が相次ぎました。たとえば，

フィリピン，インドネシア沖の津波被害によって孤児となった子どもをさらって売買するというニュースです。開発途上国や山岳地帯など世界の奥地には戸籍も無いとか，身寄りがないという子どもたちが多数存在します。そしてそうした地域では子どもが連れ去られてもわからないという実態につけ込んで，人身売買を行う者がいるというのです。こうして売買された子どもの多くは金持ちの家の奉公人として無給で働かされたり，売春業者に売り飛ばされるばかりでなく，臓器移植のドナー（臓器提供者）として売買されることもあると言われています。こうした被害に遭う子どもたちに共通するのが極度の貧困ですから，斡旋業者ばかりでなく，時には身内や近隣住人ということもあるでしょうが，こういう国では子どもの売買は私たちが考えるほど難しいことではないようです。

　歴史的に見れば，かつて日本でも貧困のために外国にまで連れて行かれ働かされたという時代がありましたが，経済的な発展を遂げた現在の日本は，反対にそうした貧しい国々の女性や子どもたちの人権をも脅かす加害者となりつつあります。実際に金を使って買春行為を行う者の中には，児童買春を正当な商取引であるとか，貧乏な人を救済するための適法行為などと信じて疑わない人もいるかも知れません。しかし，児童買春行為が，貧困ゆえに他の自活手段を持ち得ない子どもの尊厳を著しく傷つけ，子どもが抱くおとな社会に対する信頼を損ね，未来への希望を否定する行為であるということは断言できるでしょう。つまり児童買春行為は，児童の人としての権利を侵害する児童虐待行為に他ならないのです。

　さて，同様のことを国内に目を向けて見てみましょう。国内の性産業に従事する者の中に，本人の意思とは無関係に就労と称して性産業従事の目的で外国から送り込まれている風俗関連者の実態から見ても，この問題が国内にとどまらず多くの国とりわけ貧困なアジアの国を巻き込んだ国際的なものであることとして理解できます。

　話が少しそれてしまいましたが，私たちが入手する情報，殊にこの種の情報はとても限られているばかりでなく，あったとしても客観的な実態を把握しに

くいものになっています。これらの情報で被害者つまり児童の側から語られていることは皆無と言ってよいでしょう。一般的に多くの人々は児童を性交の対象とは考えませんし，積極的にその種の情報を得ようと行動したり体験してみよう等という暇も金も無いといっても言い過ぎではないでしょう。また，性の問題は個人的な問題だから社会的にどうしたいという風に考えられない風土も手伝っているかもしれません。つまりそうした社会一般の無関心が，少なからず他国から指弾を受ける人身売買国，売買春列島を作っていると言えるのではないでしょうか。

2）児童福祉の立場から

さて，児童買春問題が貧困問題を根底にした国家間の経済格差や人口問題と深く関係することから，ユニセフ（国連児童基金）は早くからこの問題に取り組んで来ました。

国連では1989（平成元）年に国連総会44会期に採択し，各国に児童の権利に関する条約を批准するように働きかけるなどしましたが，我が国は1994（平成6）年にこの条約を締結しました。これを受けて，1999（平成11）年5月26日法律52で『児童買春，児童ポルノに係る行為などの処罰及び保護に関する法律』が成立しました。最新改正では2004（平成16）年改正で以下の様になっています。

この法律の目的は，児童に対する性的搾取や性的虐待が児童の権利を著しく侵害することの重要性を鑑みて，また児童の権利擁護に関する国際的動向を踏まえて児童買春，児童ポルノに係る行為などを処罰すると共にこうした行為により心身に有害な影響を受けた児童の保護措置を講じて児童の権利を擁護することとしています。

また，定義では，「児童買春」とは，18歳未満の児童（児童に対する性交の周旋をした者や児童の保護者を含む）に，対価を供与し又は供与の約束をして当該児童に対し性交等（性交若しくは性交類似行為をし，又は自己の性的好奇心を満たす目的で児童の性器等（性器，肛門または乳首）を触り，若しくは児童に自己の性器等をさわらせることをいう，としている。「児童ポルノ」とは，写

真，電磁的記録，に係る記録媒体その他に，児童の相手方とする又は児童による性交又は性交類似行為に係る姿態や，他人が児童の性器に触る行為または児童が他人の性器に触る行為に係る児童の姿態，性欲を興奮・刺激するもの，又は，衣服の全部又は一部をつけない児童姿態，出会って性欲を興奮・刺激するものを視覚により認識できることができる方法で描写したものとしています。

　本法律第4条では児童買春をした者は5年以下の懲役又は300万円以下の罰金，児童買春周旋には5年以下の懲役若しくは500万円以下の罰金に処するか，罰金と懲役刑を併科するとしています。また，児童買春の周旋をすることを業とした者は，7年以下の懲役又は1千万円以下の罰金に処すると，その処分も厳しいものとなっています。

　この法律は制定後5年後の改正で，被害者としての児童への影響と保護の重要性から，より厳しい処罰に改正されました。

3) 課題と展望

　現在の日本は少子化が深刻化してしているといわれながら，その少ない子どもに手をかける不届き千万な輩が存在する以上，児童買春に直接関わる者に対して厳罰で臨むことは重要です。しかしそれ以上に現代を生きる私たち一人ひとりが，男女の性別や年齢の相違，国の相違を超えて児童買春の問題やそれを生み出す社会風土について，自らにも関係することとして真剣に考えていかなければ，真の解決に至らないどころか事態は悪くなることは容易に想像できることです。また，児童買春の問題が，児童虐待問題やDV被害の問題，麻薬や自殺，少年犯罪等々あらゆる社会問題と根っこでつながっていることを私たちはきちんと認識しなければ，本当の問題の実態を理解するに至らないと考えます。これを機に私たちも自分の子どもを守ることと同様に，21世紀の他人様の子どもや世界の子どもたちの実態そして未来について考えてみようではありませんか。

参考文献

・いのうえせつこ『多発する少女買春　　子どもを買う男たち』新評論，2001年

・ロン・オグレディ著,エクパットジャパン監修『アジアの子どもと買春』明石書店,1993年
・ヤコブ・ビリング著,中田和子訳『児童性愛者』解放出版社,2004年
・保育福祉小六法編集委員会『保育福祉小六法2005年版』みらい,2005年

7. 女性問題と児童福祉

1) 離婚の現状

わが国の離婚率（人口千人対比）は,戦後最低だった1963年の0.73から一時低下傾向を示しましたが,近年は急激に上昇し,2002年には離婚率2.30,離婚件数289,836件と戦後最高を記録しました（図表1-8）。離婚が年々増加している背景には,価値観の多様化,個人尊重・男女平等主義の浸透や個人のニーズを中心に置く強い自己主張性が考えられ,また,離婚に対する社会一般の意識の変化などが指摘できます。「相手に満足できないときは離婚すればよい」という考えに賛成する者の割合が,1970年代には男女とも20％程度（総理府広報室「婦人に対する意識調査」1972）に過ぎなかったものが,1997年には男女とも半数（総理府広報室「男女共同参画社会に関する世論調査」1997）を超えるようになりました。また,同様に「問題のある結婚生活ならば早く離婚したほうがいい」とする考えの者の割合も54％（内閣府「国民生活選好度調査」2001）に

図表1-8 離婚の推移

年次	離婚	
	実数	率（人口千対）
1947	79,551	1.02
1960	69,410	0.74
1970	95,973	0.93
1980	141,683	1.22
1990	157,608	1.28
1995	199,016	1.60
2000	264,246	2.10
2001	285,911	2.27
2002	289,836	2.30

出典）厚生労働省統計情報部「人口動態統計」

達し,離婚に対するマイナスイメージは薄れてきました。しかし,「子どもがいれば夫婦仲が悪くなっても別れるべきでない」という考えの者は,男性61.7％,女性52.3％(経済企画庁『平成8年度国民生活白書』)と,他の先進諸国では一番高くなっています。

離婚原因は,家庭裁判所への離婚調停の申し立て理由でみると,2000年では「性格が合わない」が男女共一番多く,男性63.2％,女性46.2％であり,二番目に多いのは男性では「異性関係」19.3％,女性では「暴力を振るわれる」30.8％でした。

2)母子家庭の現状

離婚の増加にともない,父親か母親のもとで,これまでとは異なる生活をす

図表1-9 母子世帯に関する調査の年次比較

	昭和58年('83)	63年('88)	平成5年('93)	10年('98)	15年('03)
調査の名称	全国母子世帯等調査	全国母子世帯等調査	全国母子世帯等調査	全国母子世帯等調査	全国母子世帯等調査
調査の時期	58. 8. 1	63. 11. 1	5. 8. 1	10. 11. 1	15. 11. 1
全世帯(A)	36,497,000	39,028,000	41,826,000	44,497,000	45,800,000
母子世帯(B)	718,100	849,200	789,900	954,900	1,225,400
B／A (％)	2.0	2.2	1.9	2.1	2.7

(注)母子世帯の定義
 1.配偶者と死別又は離婚した女子であって20歳未満の児童を扶養しているもの。
 2.その他これに準ずるもの。
出典)厚生労働省「全国母子世帯等調査結果報告」2005年1月

図表1-10 母子世帯になった原因別割合の年次比較 (単位:％)

	昭和58年('83)	63年('88)	平成5年('93)	10年('98)	15年('03)
総　　数	100.0	100.0	100.0	100.0	100.0
死　　別	36.1	29.7	24.6	18.7	12.0
離　　別	63.9	70.3	73.2	79.9	87.8
離婚	49.1	62.3	64.3	68.4	79.9
遺棄生死不明	—	—	—	—	1.0
未婚の母	5.3	3.6	4.7	7.3	5.8
その他	9.4	4.4	4.2	4.2	1.2

(注)2004年以前「その他」欄には,遺棄生死不明が含まれている。
出典)厚生労働省「全国母子世帯等調査結果報告」2005年1月

ることになる子どもが増加しています。母子世帯数をみると，2003年現在1,225,400世帯と，5年前の954,900世帯に対し，28.3％の増加となっています（図表1－9）。その原因は，死別の割合が年々減少し，反対に離別の割合が増加しています（図表1－10）。

離婚後の親権者には，1960年には父親になる場合が47％で母親がなる場合を上回っていましたが，その後逆転し，1996年には78％が母親が親権者となっています。こうした中で離別した父親からの養育費の取り決めをしている世帯は，2003年で34.0％ですが，受給状況では，現在も受けている者が17.7％，受けたことがない者は66.8％となっています。

有子離婚の場合，離婚によって影響を受ける子どもについて最善の利益が図られるように，離婚当事者の十分な努力と配慮が求められます。親権者とならなかった親も，その資力の範囲内において，子どもの発達に必要な生活条件を確保するために，責任を果たす責務があります。

母子世帯の年収は2002年では212万円で持ち家率は20.6％に比べ，父子世帯の年収は390万円，持ち家率は57.7％です。離婚により困っていることがある父子家庭では，「家事」34.6％と「家計」31.5％を上位にあげていますが，母子家庭では「家計」43.7％と「仕事」22.5％をあげています。経済的な困難を抱えている家庭は母子世帯の方が多いことことがわかります。母子世帯の経済状況をみれば，離別した父親が養育費を適正に支払うことが子どもの福祉の観点から重要なことです。

3）母子家庭を支える制度

母子家庭の自立のために利用可能な制度として，生活資金支援として生活保護制度や母子・寡婦福祉資金，児童扶養手当や児童手当などがあります。住まいの支援では母子生活支援施設や公営住宅の優先使用などがあり，その他いくつかの制度があります（図表1－11）。その中の児童扶養手当は，父親と生計を同じくしていない子どもがいる家庭の生活の安定と自立の促進のため重要なもので，母子家庭の置かれている困難な経済状況からすれば，この児童扶養手

図表1−11　母子家庭の自立のために利用可能な制度（S県の例を参考）

事業名		内容
くらし	生活保護制度	保有する資産，能力，その他の福祉施設等を活用しても，なお最低限の生活を維持することができない者に対して，最低生活に不足する分の保護費を支給し，その自立を助長する。
	ひとり親家庭等介護人派遣制度	ひとり親家庭の親が就労訓練のため通学したり，疾病や冠婚葬祭などで，一時的に介護や保育などのサービスが必要となった場合に介護人が派遣される。
	母子家庭等自立支援給付金制度	配偶者のない女子で現に児童を扶養している者の雇用の安定及び就職の促進を図るための給付金。
手当て	児童扶養手当	18歳到達後最初の3月31日まで（一定の障害がある場合は20歳未満）の子どもを育てている母子家庭の母親等に支給される。
	児童手当	児童の健全育成のため，小学校第三学年修了前の児童を育成している保護者に対して支給される。（児童扶養手当と重複して支給される）
	ひとり親家庭医療費助成	18歳未満の子どものいるひとり親家庭等で，医療保険制度で医者にかかった場合，支払った医療費の一部が助成される。
こども	保育所	保護者が働いていたり，病気などで家庭で子どもの世話ができない場合に，小学校入学前の子どもを預けることができる。
	放課後児童クラブ	保護者が就労等により昼間いないおおむね10歳未満の子どもに対し，授業終了後，遊び及び生活の場を与えてその健全な育成を図ることを目的として運営されている。
	義務教育就学援助	経済的な理由により，小学校，中学校でのお金の負担が困難な場合，学校で使用するものや，給食費，修学旅行費などの一部または全額が支給される。
	ひとり親家庭児童就学支援金	ひとり親家庭で，中学校に入学する子どもがいる場合，就学支度金が支給される。
貸付金奨学金	母子・寡婦福祉資金	母子家庭の母や寡婦で経済的な自立や児童の就学などで資金が必要なとき，無利子または低利子で貸し付ける。
	生活福祉資金	所得の少ない世帯や障害のある方がいる世帯，介護が必要な高齢者のいる世帯などに，資金を貸し付ける。
	日本育英会奨学金	高等学校，高等専門学校，専修学校，大学，大学院に在学している生徒・学生で，経済的理由で学費などを払うことが難しい者に貸し付ける。
すまい	母子生活支援施設	母子家庭又はこれに準じる事情にある母子を入所させ，生活，養育等母子が抱える様々な問題について相談に応じ，指導を行い，自立を援助する児童福祉施設。
	県営住宅抽選時の優遇措置	県営住宅の募集の際，母子世帯などの特例世帯については一般世帯よりも当選の確率を優遇している。
	県営住宅の一時使用	ＤＶ被害者が決められた条件を満たす場合に期間を定めて県営住宅の使用を許可する。
就労	職場適応訓練	公共職業安定所所長の指示により，就職に先立って，仕事や職場環境に慣れるため事業所内で訓練を受けることが出来る。
	公共職業訓練	高等技術専門校（職業能力開発センターを含む）では，仕事に就くために職業能力開発が必要な人に対し職業訓練を行っている。

※　手当てや費用負担等は，所得や扶養する児童の人数などで異なる場合がある。

当ての役割は大きいと思われます。近年，離婚の増加にともない，毎年受給者数が増加しており，2000年度末には708,395人，2001年度末には759,197人，2002年度末822,957人，2003年度末871,161人（厚生労働省「社会福祉行政業務報告」）と，最近は毎年約5万人ずつの増加となっています。

4）今後の課題

さまざまな理由によって母子家庭になった世帯は，多くの生活問題を抱え，社会的な支援策を求めています。特に経済的困難を伴っている母子家庭に対する支援は子どもの健全な育成支援の面からも重要なことです。

母子家庭の問題は，収入と子育てと住宅に集約されます。低所得のための経済問題に対して児童扶養手当などの充実の他，労働条件のよい就労先確保が重要で，専門的知識技能を修得するための職業訓練の機会を充実することが必要です。その就労を支えるには，子育て支援の充実が重要です。保育所優先入所が法に明記されましたが，多様なニーズに対応する環境整備が必要です。

住宅に関しては，離婚を機に転居した母子家庭は7割近く，持ち家率が低い母子家庭にとっての住宅問題は，離婚直後に直面する緊急の課題です。公営住宅の優先入居にも限界があることから，住み慣れた地域で継続して暮らすことができるように，民間賃貸住宅入居に対し，家賃補助などの対策が必要と考えます。その他，養育支援や多様化した家庭に個別の支援ができる生活相談体制の整備など，親子が安心して暮らすための施策の構築が課題となります。

8　家庭介護と児童福祉

1）ライフステージ──「育児」と「介護」が重なるとき

一般的に多くの人は，結婚して子どもができて育児をし，子育てを卒業すると自分や夫婦二人の時間を過ごし，それから親の介護という人生を描いているのではないでしょうか。

「ライフステージ」という言葉がありますが，成長や老いという，人生のそ

れぞれの段階に，生活上の課題が生じます。それらは主として，生活を共にする家族の状態の変化に伴って生じるもので，「育児」や「介護」はライフステージ上の主要な課題といっていいでしょう。

この「育児」と「介護」は，必ずしも一般的な順番でやってくるとは限りません。場合によっては，親あるいは配偶者の親の介護が先にやってくる場合も，両方がいっしょにやってくる，つまり「育児」と「介護」が重なる場合もあります。

特に近年の晩婚化，晩産化の傾向の中では，こうした育児と介護の両立をしなければならない状況が多くなってきました。「育児」にしても「介護」にしても，それを支える家族の存在がありますが，家庭はますます小規模化の流れにあります。祖父母が同居している，あるいは近くに居住している場合には，育児の助っ人にもなりますが，両方が重なれば，助けてもらうどころか負担は一人の肩に重くのしかかってきます。

厚生労働省「平成12年介護サービス世帯調査の概況」によると，主な介護者は，女性72.2％，男性19.5％と女性が多くなっています。(不明8.3％)

また，総務省「平成13年社会生活基本調査」によると，夫婦と6歳未満の子どものいる世帯における1日の平均育児時間は，夫が25分，妻が3時間となっており，夫の育児参加は妻に比べてきわめて低い状況があります。

現在の日本においては，「育児」も「介護」も大半は女性が担っており，この両方が重なる時，母であり，娘であり，嫁である女性に重荷が集中してしまうという問題が見えてきます。

2) 仕事と家庭が両立できる環境を

夫の育児参加時間が短い背景には，男性の長い労働時間があります。

子育て世代でもある30代男性の平均週間就業時間は，50時間以上と非常に長く，通勤時間も含めると，単に「男性の家事・育児参加が必要」というキャンペーンを行うだけでは効果は期待できません。

こうした状況を背景にして，2001年には仕事と家庭の両立支援対策を充実す

るため「育児・介護休業法」が改正されました。不利益な取り扱いの禁止，時間外労働の制限，1歳～3歳未満の子に対する措置，子の看護のための休暇の措置（努力義務），労働者の配置に関する配慮などのさまざまな措置が盛り込まれています。

家族の暮らしにとって労働時間の面から働きやすく，休暇も取得しやすい，男性も家事・育児参加ができる環境の醸成が期待されます。

実際に，夫の存在が育児にも介護にも非常に大きな要素になっていることが多くの体験談で語られています。夫の理解と協力があることで，また一緒に考え取り組む姿勢があることで，妻の気持ちのありようが大きく変わってくるのです。

未就学児を持ちながら本人または配偶者の親・親類の介護を行っている女性を対象に，2005年3月に行われたネットによる意識調査があります。[1]

その結果，「介護の手伝いをしてくれる人」は回答者本人の配偶者と要介護者の配偶者がそれぞれ上位を占めました。また，「悩みを聞いてくれたり相談になってくれる人がいる」と答えた人は8割ありましたが，手伝ってくれる人のトップは，回答者の配偶者（41％）で，ついで要介護者の配偶者（32％）となっています。やはり配偶者の役割は非常に重要です。

3）子どもの福祉にとって

さて，こうした育児と介護の問題は，子どもの福祉にとってどのような影響を与えるのでしょうか。

やはり，先ほどのネット調査の結果，「育児と介護の両立」について「どちらを優先するか」については，「どちらかと言えば育児を優先している」との回答が7割近く（67％）を占めました。

「どちらとも言えない」（17％），「介護を優先する」（16％）をはるかに引き離しています。

しかし，子どもに我慢をさせたり，淋しい気持にさせたりしていると感じ，そのしわ寄せが子どもに来てしまっていることを多くの親は感じています。普

通なら子どもが親に十分甘えられたり，親が子どもの要求に応えてくれるような時期が必要ですが，その時期に，子どもを早くおとなにしてしまう，つまり介護者の一人としての協力を求めたいという親の期待があるのです。

こうした状況がマイナスにならずに，子どもの精神の安定につなげられるような工夫が必要ですが，なかなか気持ちのゆとりをもてない現状があります。

介護の問題を抱えながら家族全体で支え合って生活している状態が，子どもの成長にとってよい教育環境だといえるような，また，子どもにもいろんな世界が広がる経験となるような家族関係をつくるには，ある程度の子どもの年齢的な成長を待たなければならないのかもしれません。

そして，子どもの福祉にとって何と言っても一番のよりどころとなるのは，親の安定した精神的基盤です。しかし，育児と介護を共に抱える親はつい周りの家庭と較べてしまいます。

周りでは子どもも成長した友人たちが，自分の時間を十分に生かして仕事をしたり，趣味や旅行に時間を費やしたりしているのを見て羨ましい，あるいはねたむ気持ちになるのは当然でしょう。なぜ，自分だけがこんな境遇にあるのか，取り残されてしまったような気持ちにもなるでしょう。介護は仕事と違って24時間休みがなく，しかも人から認められることがまったくないといってもいい世界です。365日休みがなく，子育てだけなら子どもの成長とともに，見通しを立てることもできますが，介護の場合は，見通しが立てられないことも大変なストレスになります。

やはり，「育児」にしても「介護」にしても，養育者，介護者の身体的，精神的な健康と安定が重要であり，親や介護者，家族を支える家族支援の視点が強く意識していく必要があります。

先ほどのネット調査では，「介護そのもの」についての悩みでは，「ストレスや苛立ちでついあたってしまう人は誰」という問いに対しては「配偶者」が6割（63％）でトップ，ついで，「子ども」（47％），「要介護者本人」にあたってしまうという回答も12％ありました。

「ついあたってしまう」ことと虐待との間に明確な境界線を引くことは難しいのです。

 4）福祉サービスの利用を

　介護者が休息を取りながら，少しでも自分の時間を持ちながら，サービス利用をしたり，ヘルパーの助けを借りたりすることは，見通しの持ちにくい介護を続けていくための家族支援の具体的な手段であり，重要な解決策だと言えます。

　ところが，親戚の目や世間体がじゃまをすることがあって，なかなかサービス利用に至らないで，家族だけで頑張ってしまう場合も少なくありません。また，福祉サービスの相談を受ける行政に十分な理解がないといった問題もあります。

　役所で保育園の入園を希望してみたものの，「介護なんかで預けるのか」といった対応をされ，孤立してしまったと経験者は語っています。かりにサービスを利用できている場合でも，たとえば高齢者のデイサービスと保育園の送迎時間が重なり困っていても，行政はタテ割りで，総合的に対応してもらえないなどの問題もあると言います。

　こうした悩みや問題について語り合ったり，情報交換したりするために，育児と介護の両立を迫られた当事者たちが「育児と介護の両立を考える会」を立ち上げ，インターネットのホームページ上で交流できるサイトを構築しています。たった一人からはじまった会ですが，登録会員は270人を超えています。[2]

　今後，このような家庭はますます増えていくことが予想されます。少子高齢化の進展は，私たちにこうした課題の解決をつきつけています。育児と介護を同時に抱える家族の問題が広く理解され，受けとめられるために，当事者の自助活動や多彩な民間活動とともに，行政が総合的に家庭を支援できるような地域福祉施策の推進が求められるでしょう。

注）
　1）iMiネット調査「育児と介護の両立」調査（2005年3月）iMiネット

http://www.imi.ne.jp/imi/2005年11月28日アクセス
　2）「育児と介護の両立を考える会」　http://www13.plala.or.jp/ikujitokaigo/
　　　2005年11月28日アクセス

9．教育問題と児童福祉

1）不登校児童問題

　学校は，児童にとって心身の発達を促すものであると同時に，社会性や倫理性を身に着けるためにも欠かすことができない存在です。ところが，1975年以降，学校に行かない児童・生徒，いわゆる不登校児が増加してきて，大きな社会問題になっています。文部科学省が発表した学校基本調査速報によると，2004年度の「不登校」による長期欠席者は，小学校が23,310人で，全児童に占める割合は0.32％（昨年度比0.01ポイント減），中学校が100,007人で，全生徒に占める割合は2.73％となっています（3年連続で同ポイント）。長期欠席者数の全体をみると，小学校で59,315人，中学校で127,621人，合計186,936人（前年度比6,391人減）にも及んでいます。

　前年度の「不登校」を理由とする長期欠席者数（年間30日以上）は123,317人（前年度比2,909人減）でした。これで1975年以来27年間増加し続けた不登校者数は3年連続で減少となったものの，全児童生徒に占める割合は1.14％となっています。長期欠席の主な理由は，以前は「病気」によるものが多かったのですが，95年度より「学校嫌い」が多くなりました。2004年度は長期欠席者全体の68％が不登校であるという過去最高記録が生まれてしまいました。

　文部科学省の「児童生徒の問題行動等生徒指導上の諸問題に関する調査」によると不登校のきっかけは「学校生活に起因」36.2％，「本人の問題に起因」35.6％，「家庭生活に起因」18.5％となっています。不登校が継続している理由は，「不安など情緒的混乱」30.6％，「無気力」21.7％，「あそび・非行」8.7％，「学校生活上の影響」6.9％，「意図的な拒否」4.8％，「複合」21.3％などとなっています。

では，そもそもなぜ，「学校嫌い」による不登校がこんなにも増えてきたのでしょうか。さまざまな理由が考えられますが，ひとつには「学校嫌い」を受容できるだけの経済的余裕が今の日本の社会にあることが考えられます。学校は「強制的に行くもの」ではなく，その子どもの精神状態や個性によって，他の選択肢（フリースクールや大検など）が与えられる社会になったということです。さらに，現在の日本は情報社会ですから，子どもたちも「学校に行かなければ一人前になれない」という過去の神話など信じてはいないのではないでしょうか。高校，大学と順調に進学し，会社に勤めた先に幸せな人生が待っているという「人生に敷かれたレール」も日本社会ではすでに崩壊していることを，子どもたちは鋭く見抜いています。図表1－12に示されているとおり，不登校児は中学校で顕著に増加してきました。「自分の将来」と「社会」の関係がわかる年齢になったとき，不登校が始まっているという現実が，そのことを物語っていると考えられないでしょうか。

それでも，ここ数年の文部科学省，各学校，不登校に取り組むNPOなどの

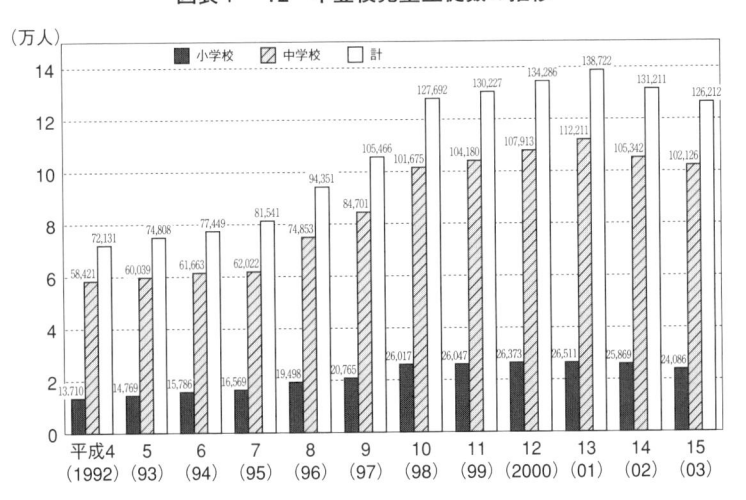

図表1－12 不登校児童生徒数の推移

年度	小学校	中学校	計
平成4（1992）	13,710	58,421	72,131
5（93）	14,769	60,039	74,808
6（94）	15,786	61,663	77,449
7（95）	16,569	62,022	81,541
8（96）	19,498	74,853	94,351
9（97）	20,765	84,701	105,466
10（98）	26,017	101,675	127,692
11（99）	26,047	104,180	130,227
12（2000）	26,373	107,913	134,286
13（01）	26,511	112,211	138,722
14（02）	25,869	105,342	131,211
15（03）	24,086	102,126	126,212

出典）文部科学省『生徒指導上の諸問題の現状について（2004年）』

努力によって、不登校児の数は少しずつ減少してきました。文科省は、「スクールカウンセラーの配置など地道な取り組みの成果と言えますが、依然として相当数の不登校児童生徒がおり、重要な課題。今年度からの民間施設への調査委託、カウンセラーの充実などで、不登校の子どもたちの学校復帰、社会的自立に向けて取り組んでいきたい」との見解を示していますが、それ以上に「努力して生きていくに値する魅力ある社会」と「そんな社会の一構成員になるために有意義な教育制度」の構築が望まれます。

2）いじめの問題

「いじめ」の問題は、1980年頃から、新聞等のマスコミでさかんに取り上げられるようになりました。文部科学省のいじめに関する資料によると1986年以降、いったんは減少したいじめの発生件数は、1992年度以降、再び増加の傾向を示し、1995年をピークに再度減少し、ここ数年でわずかですが増加傾向にあります（図表１－13参照）。この調査では、いじめを、① 自分より弱い者に対して一方的に、② 身体的・心理的な攻撃を継続的に加え、③ 相手が深刻な苦痛を感じているもの、と定義し、いじめが起こった場所は学校の内外を問わないこととしています。

このような調査結果から、いじめが発生する原因として以下の分析がされています。① 児童生徒のストレスの増加、規範意識の低下、問題行動を起こす児童生徒のグループ化、特定の児童生徒が問題行動を繰り返すこと等の「児童生徒に関する要因」、② 家庭の教育力の低下、子育て意識の低下、地域社会におけるコミュニケーション能力の低下、児童生徒を取り巻く環境の悪化等の「家庭や地域社会に関する要因」、③ 教育委員会や学校関係者の問題行動に対する意識の鋭敏化等「関係者の意識の変化に関する要因」、④ 「特定の児童生徒、特定の学年の児童生徒又は特定の学校の問題行動の多発化等に関する要因」、⑤ 人事異動等による生徒指導体制の変化、管理職のリーダーシップの問題、問題行動が多い学校において教職員が生徒指導に忙殺されることにより逆に生徒指導力や意欲の弱体化が生じること、関係機関との連携不足等の「個別

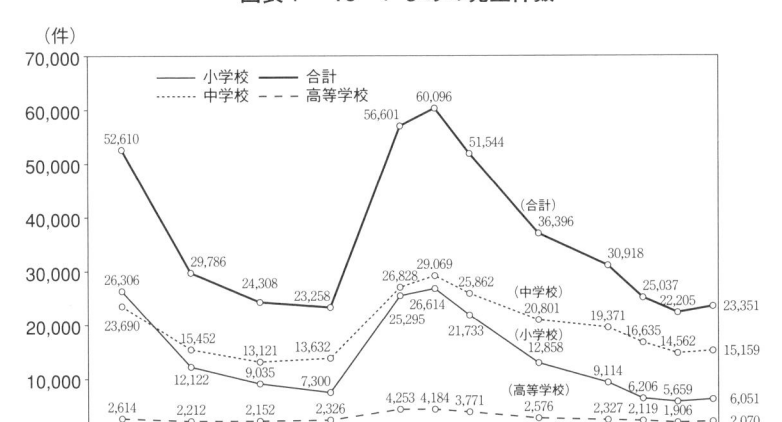

図表1-13 いじめの発生件数

(注1) 平成6年度からは調査方法を改めたため、それ以前との単純な比較はできない。
(注2) 平成6年度以降の計には、特殊教育諸学校の発生件数も含む。
出典) 文部科学省『生徒指導上の諸問題の現状について(2004年)』

の学校の要因」、⑥「学校の生徒指導体制が整備されたことにより、逆説的に暴力行為やいじめの発見件数が増加することによる要因」、⑦「教育委員会の取り組みを通じいじめの訴えがしやすい土壌ができたことにより、逆説的にいじめの件数が増加することによる要因」、⑧「関係機関によって判断基準に独自の解釈を加えており、判断基準の差異が各地域間において生じている可能性があることによる要因」。

> ☕ **子ども**
>
> 日本の法律では、子どもに対する定義が複雑です。児童福祉法では、18歳未満を児童という。学校教育法第23条では、12未満の者を学齢児童といい、道路交通法では、13歳未満を児童と規定してます。労働基準法では、15歳に満たない者となっています。

以上の分析からもわかるように、いじめも不登校同様、「これが決定的な原

因」としてあげられるものではありません。さまざまな要因が絡み合い，複雑な背景があっていじめは発生します。しかし，そこにはやはり「少しでも自分より弱い者を探し出し」，いない場合は「無理にでも作り上げ」ていじめることにより，ストレスを解消したいと無意識下につき動かされている現代の子どもたちの様相がみえてくるのではないでしょうか。「勝ち組」や「負け犬」などと，その言葉が独り歩きをしているにせよ，力づくで優劣を競い合うおとなの社会が子どもたちに影響を与えているとしたら，いじめられる方はもちろん，いじめている方も被害者であることに変わりはありません。

　この問題は根が深く，深刻ゆえに今すぐ解決できる特効薬はないかもしれません。しかし，まずは親や教師，また兄や姉，先輩などのおとなが，子どもたちのいじめを察知する能力を磨き，「傾聴」の姿勢をもって当事者の話をねばり強く聞くことから解決の糸口を探していきたいものです。

参考文献
- 警察庁　http://www.npa.go.jp/
- 文部科学省編『小学校学習指導要領』国立印刷局, 2004年
- 文部科学省編『中学校学習指導要領』国立印刷局, 2004年
- 文部科学省編『高等学校学習指導要領』国立印刷局, 2004年
- 山下博通『ネットワークシステム』実教出版, 2004年
- 新保幸男「ひとり親家庭の生活現状と課題」『月刊福祉』全国社会福祉協議会, 2003年
- 黒川昭登『家族福祉の理論と方法』誠信書房, 1994年
- 田辺敦子ほか編『ひとり親家庭の子どもたち』川島書店, 1994年
- 橋本宏子『女性福祉を学ぶ』ミネルヴァ書房, 1996年
- 厚生省『厚生白書平成10年度版』ぎょうせい, 1998年
- NPO法人シングルマザアズ・フォーラム『ひとり親就労実態調査・就労支援事業報告書』2003年
- 東京都『2003年版社会福祉の手引き』東京都生活文化局, 2003年
- 新版・社会福祉学習双書編纂委員会『児童福祉論』全国社会福祉協議会, 2005年

第2章　児童福祉の変遷

1．スウェーデンの児童福祉に学ぶ

　私が最初にスウェーデンを訪れたのは，35年程前になります。当時，私は自分で児童福祉施設を開設しようとヨーロッパ，北欧の保育施設，児童福祉施設を訪れました。出発の前に各国のOMEP（世界幼児教育機構）[1]の理事の方がたに手紙を出し，それぞれに課題を持って訪問することができました。その時スウェーデンでは（your future's day）という最先端の福祉をみせるバスツアーがありました。それに参加した時にも多くの人からエレン・ケイ（Ellen key S.）の考え方，及びアルバ・ミュルダール（Alva. R. Myrdal），（OMEPをポーランド，イギリス，デンマークの代表と立ち上げた1998年にノーベル平和賞授与者）の話を聞くことができました。

　スウェーデンの児童福祉は，エレン・ケイが1899年に公にした「児童の世紀」で子どもはおとなの所有物ではなく，独立した存在として人権を正面から説いたという点で画期的でありました。このエレン・ケイ，アルバ・ミュルダールの考えを引き継いだスウェーデンの児童の福祉に関心ある人たちが1979年にポーランドがコルチャック博士の遺志をついで「子どもの権利条約」の第1次案を国連の人権委員会に提出したのを後押しし，ポーランドと一緒に熱心に子どもの権利条約（児童の権利に関する条約）の起草準備委員会に参加したのです。

1）子育て支援

　スウェーデンのもうひとつの特徴は何といっても女性の社会参加が世界で一番ということです。この国による保障は，① 児童手当：第1子から第5子以降まで段階的に補助金額を上げており義務教育終了まで支給。②「両親保険」：高額給付が保障された育児休業制度，③ 1歳からの保育保障，④ 病児看護休暇制度，⑤ 労働時間短縮の保障，⑥ 身分保障されたパートタイム労働が充実されており，出産子育てに対して不安が無く社会参加ができているので

す。このことにより1955年には2.25，1978年は1.60，1990年には2.13，1999年には1.50，2003年は1.71と合計特殊出生率はいったん落ち込んでも，政策により向上へ転換をはかることに成功しています。

2）スウェーデンにおける保育の現状

① 就学前学校（保育園）：8割以上の乳幼児が利用しており，異年齢で1日5時間以上を過ごしています。その保育の目標は，子どもの自立と将来を見据えた基礎的教育です。

② 就学前クラス（幼稚園）：6歳児の子どもの9割が利用し，午前3時間くらい遊びを通して集団生活や学習の基礎を学んでいます。一般的には，小学校の校舎内で行われるので，小学生に移行するのが自然体でできるのです。

③ 夜間保育園：保育所が時間を延長して行っています。

④ 家庭的保育（ファミリー保育園）：昼間のママと呼ばれ通常託児は4人までで家庭的雰囲気の中で安定した人格を育成することを目標としています。

⑤ オープンタイプ保育園：スーパーの2階や，公立の施設を活用し自由に親子で出入りし，家庭では味わうことのできない経験をしたり，巡回相談で子育ての悩みを相談することができます。

⑥ 学童保育：午後2時半頃学校を終えた小学生が利用します。フルタイムで働いている両親にとっては不可欠な制度です。

⑦ 両親協同保育園：自治体から補助を受けながら地域の親が自ら管理運営し，自分たちで保育内容を考え交代で保育していきます。保育観は同じ宗教，似た保育観などで構成されている場合が多いようです[2]。

3）その他の福祉政策

① 児童手当：全ての16歳未満の子どもに月額14,000円（2005年）

② 両親保険制度及び育児休業：1974年導入

③ 住宅手当：子どもの数によって支給されます。

④ 養育費援助制度：離婚して親が養育費の支払いを渋った時，国が養育費を立て替える制度です。

現在スウェーデンでは，暴力，いじめが増大しており，3人にひとりはいじめられた経験があり，大きな問題になっています。さらに片親が5人にひとりおり[3]，これらの子どもに社会的発達の偏りをなくす配慮が必要であるとしています。

4）スウェーデンの児童福祉から学ぶこと

スウェーデンの福祉と日本の福祉とでは，資源，国民性，社会体制などが大きく異なり，比べることには無理がありますが，いくつかの点で学び，取り入れることも可能です。

一般的にいわれていることは，「スウェーデン人は無口だが，組織力があり，合理的で，誠実で，冷静。平等精神も強く互いに信頼している」ということです[4]。このように合理主義，公正性で福祉の政策を貫いていることで知られています。

スウェーデンの消費税は，25％（日本は5％）でそれが福祉制度を維持しています。ところが，この福祉国家に陰りが見え始めています。経済成長率の低下にともない，福祉予算の減額，また小児病院で8時間も待たされたり[5]，いじめの深刻化[6]，片親家族の増大等です。それでもスウェーデンでは国民のコンセンサスとして子育ては社会の責任であるという認識があります。それにより1970年代になると女性の社会参加が本格化し，保育政策も急速に高まったことにより女性の就労率が大幅に増え，1980年代後半には基本的に誰でも何時でも保育所に入園することが可能になりました[7]。これらのことにより，スウェーデンから学ぶことは，① 短時間正社員制度，② 産休制度の充実，③ 夫婦平等による家事，育児負担が考えられます。しかし1歳児未満は夫婦が育てるべきであるという考えが今でも強く，1歳児未満に対する保育サービスがほとんどありません。それでもスウェーデンでは，男性の育児休暇取得率が高く，さらに帰宅時間が早く，子どもと夫婦で過ごす時間が長いので1歳未満の子ど

も達は，親の愛情を十分に受けながらすごすことができます。しかしスウェーデンでの1歳未満児の保育サービスが少ないことは，1歳児未満は親が育てるべきであるという神話がいまだに残っているからであるといわれています。日本では，1歳児未満でも子どもを愛し，子どもから信頼される多くのおとなが子どものそばにいることが子どもの成長にとって大切であることが認識され始めています。さらにスウェーデンでは日本をはるかにこえた離婚率の上昇がありますが，子育てには夫婦がいがみ合っている中でイライラした親がそばにいる方がかえって子どもの成長にマイナスになるのではないでしょうか。このことに関してスウェーデンでは，1809年に世界ではじめて議会で成立したオンブズマン制度が児童福祉，特に子どもの権利に関して大きな成果をあげています。

　日本では，制度改革として若い父親，母親への財政的援助，たとえば短時間の正社員制度などが必要であり，さらに子育てで父親の役割の大切さを世に訴えることが必要です。それには保育者，医師等の専門家による働きかけがますます必要であります。

注）
1) OMEP (World Organization for Early Childhood Education：世界幼児・保育教育機構）は1948年上記の人たちが中心になって結成され，現在世界80ヵ国が会員となり主に8歳以下の子どもたちを中心に貧困，エイズ，ストリートチルドレン，保育など子どもの全ての問題について論議し，ユネスコ,ユニセフに代表を派遣し，取り組んでいます。
2) 汐見稔幸編『世界に学ぼう子育て支援』フレーベル館，2003年，pp. 53 - 81
3) 武田龍夫『福祉国家の闘い』（中公新書）p. 177
4) 同上　p. 7
5) 武田前掲書　p. 39
6) 同上　p. 177
7) 竹崎孜『スウェーデンはなぜ少子国家にならなかったか』あけび書房，2003年，p. 68

2. イギリスの児童福祉に学ぶ

イギリスの福祉は，救貧法に始まったといえましょう。この救貧法は，1601年の「エリザベス救貧法」によって社会を混乱させる恐れのある貧しい人たちを取り締まるため，貧しい人たちを労働不能，労働可能，児童の3種に分け，祖父母，直系家系に扶養義務を持たせたり，それができなければ収容所に措置したり，保護者が子どもを養育できない場合に子どもに徒弟としての仕事を与えたりしました。この法律の下でロバート・オーエンは自分の工場で1日12時間以上働いている幼児をみて，その後イギリスでインファント・スクールとして発展したといわれる性格形成学院に幼児教育施設を作り（1816年），幼児に働かすことを止めさせ，子どもたちにムチなどを使ったり，脅かしたりしない教育をはじめました。その後1834年の「新救貧法」では，当時は貧困は個人の責任であるという考えが一般的でしたが，この法律の後セツルメント運動の創始者であるエドワード・デニソンは貧困を社会政策で解決できると考え，慈善組織協会などを通してケースワークによる救済を志しました。1911年児童の在宅保護を認め，1934年には，「児童虐待防止及び保護法」を成立させ，児童保護のため家庭に介入する規定及び親権乱用の抑制を行いました。

1946年には，いわゆる「ゆりかごから墓場まで」のスローガンによる福祉国家を目指しました。その一環として1948年には「児童法」が作られ，児童救済はイギリスの社会保障制度の大きな柱となったのです。この考えは現在でも「児童支援基金（Children and Youth Support Fund 2003年）」および「児童信託基金（Child Trust Fund 2003）」を成立させ，貧しい子どもには500ポンドの支給をはじめました。

1）少子化対策・子育て援助

イギリスでは，現在出産医療費は無料で,産休は26週間（2003年）＋26週間追加可能で，その他自営の母親のために出産手当26週間，週額100ポンドまで支給しています。このような政策にもかかわらず現在，合計特殊出生率は，1955

年：2.22から1996年：1.73に減少したことから少子化政策として新しい施策を打ち出していますが，その直接的効果はまだ現れず，2003年も1.73と推移しています。そこで，さらに，子育て支援として「Sure Start プログラム」で妊娠中の母親から14歳（障害児は16歳まで）の子どもの教育保障，児童信託基金（Child Trust Fund）により補助金の授与，またウエールズ地方の児童支援基金（Children and Youth Support Fund）などがあります。2003年4月より父も子どもの誕生から8週以内に2週間の育児休暇を取る権利が与えられ，給料も保証しています。また子どもが5歳まで13週間以下の休暇（障害児は18歳まで18週間）を取ることができます[1]。

2）イギリスにおける保育の現状

現在イギリスには多様な保育形態があり，保護者のニーズにより選択することができます。

① ナーサリースクール：2歳から5歳までの子どもたちが通い，ほとんどの学校が公立で無料です（文部省管轄＝DES）。

② レセプションクラス：義務教育年齢としての5歳児クラスの小学校に4歳児（時には3歳児）を入れ，年齢にあった教育を受けることができます（文部省管轄＝DES）。

③ デイナーサリー：共稼ぎ，片親，親が病気などの理由や社会的救貧の高い保護者の子どもを優先的に措置します。保育料は保護者の収入によって異なりますが，日本に比べて安いといえます（厚生省管轄＝DHSS）。

④ プレイグループ（playschool, nursery group）：多くは母親たちのボランティアの当番制で週に数回開き，設備，運営方法等社会サービス局の承認を得て運営されています。保育は地域の特徴を生かした遊びを通して社会的ルールや集団遊びなどを経験させていくのです。

⑤ チャイルドマインディング：社会サービス局の指導を受け，自宅で子どもの養護を中心に保育をしています。

⑥ ファミリーセンター：父親や母親が自分の子どもとの交流を深めるため

に，おもちゃ，図書を完備し，また他の家族と一緒に遊びを通して自分の子育てを振り返ったり，子育てに関する情報を得ることを目的としています。

⑦　ナニー：国の職業資格基準を持つスペシャリストが主に上流階級の子どもの教育乳母として教育，保育，ケアを行っています。

⑧　オーペア：住み込みであったり，通いで会ったりして家事と同時に子どもの世話をする子守り的役割で学生が多く働いています。

⑨　コンバインドナーサリーセンター：危機状況にある子どもの支援を行っています。

⑩　ジョイントセンター：貧しい家庭の子や虐待されている子どもたちの支援を行っています。

3）その他の児童福祉政策

要保護児童に対しては，里親委託65.7％，児童ホームおよびホステル11.4％，両親援助11.2％，養子縁組6.0％等になっています（2002年現在）。

その他子どものための電話相談も相談内容の多い順番に①　いじめ，②　身体的虐待，③　家族の問題，④　性的虐待，⑤　どうしようもない現実への不満，⑥　精神的，身体的健康問題，⑦　他者への気遣い，⑧　家出，⑨　性の問題，⑩　人間関係となっています[2]。特にいじめ，虐待についてイギリスで2002年2月に起こった8歳のビクトリア・クランビエの虐待死事件は国内でセンセーショナルな事件として，大きな問題となり，具体的に積極的な対応がなされるようになりました。

イギリスの児童福祉は，「児童法」によってその方向性が示されており，日本の児童福祉法と同じように時代に合わせて改訂が行われています。2003年では，①　子どもたちの健康，安全，達成感を得られるよう経済的福祉の達成，②　保護者へのケア，援助，③　予防，早い時期でのニーズの発見，介入，④　福祉の統合と個別化の徹底を重点的に行い，2004年の改訂では，①　地方と政府が連携して点検改良する，②　福祉計画の統合と地方等への委託，地方自治による

福祉の柔軟性をあげています。

　4）イギリスの児童福祉から学ぶこと

　救貧法から始まったイギリスの福祉は国の経済発展の動向に影響されながら，国民全体をどのように貧困からまぬがれることを保障し，個人的所得配分をどう考えるかを摸索しているといえます。特に児童福祉に限定してみると，現在「児童手当Child Benefit」は16歳まで（修学中は19歳），「児童養育控除Child Tax Credit」「就学税控除Working Tax Credit」があり，それぞれの額は決して十分でないかもしれませんが，1986年の「社会保障法」で最大ニーズの重点化を打ち出し，どこの分野に優先的に援助をしていくかのプライオリティの決定がなされています。NHS（国営医療制度）では，これからの福祉は民間とのパートナーシップが重要だとしています。そのねらいは公的なサービスをいかに減らすかであり，現在はさらに子どもの虐待についてどのように対応するかが大きな課題です。

　政府と地方の福祉施策のバランスをどうするか。日本では三位一体政策で地方自治権が拡大したようにみえますが，結果的に地方の財政的力と自治体の福祉に対する考えによって取り組み方が大きく変わってこようとしています。

　またEUとの連携による福祉問題，家族の福祉をどうとらえるか，または個人の福祉として各国独自の社会保障をどう充実させていくか[3]。EUの地域性と各国の独自性の枠の許容範囲のアセスメントが必要であり，このことは日本でも政府と各自治体との統制と独自性に置き換えることができると思います。さらに，社会保障制度の中でオンブズマン制度の活用，特にウェールズ地方や，北アイルランド地方でのオンブズマン制度が子どもの虐待や人権問題で大きな成果をあげていることから多くのことを学べるはずです。

注）
1）『世界の社会福祉年鑑』旬報社，2004年，No.4，p.45
2）Social　Trends　34，2004年，p.129
3）Keith Pringle, *Children and Social Welfare in Europe*, 1999年，p.37

3　韓国の幼児教育・保育について

　韓国の就学前教育体系は，日本のそれに非常に似ていて同様な課題を持っているといえます。つまり，幼稚園と保育施設がそれぞれ教育体系と乳幼児保育体系に二元化されている現状や，幼・保一元化をめぐる論議，そして急激な少子・高齢化，離婚・再婚，女性の社会進出などで家庭内の子育て力が低下するとともに，幼稚園・保育施設に対するニーズは多様化しているなどです。

　しかし，韓国の幼児教育や保育施設がいままで民間主導で運営されてきたのは，日本と異なる歴史であり，最近の保育政策の動きも異なる方向に向かっているといえます。つまり，最近韓国の保育業界では，政府の支援や就学前教育の無償化が進められているのです。

　ここでは，韓国における幼児教育体系の二元化，そして幼児教育の公教育化に向けての最近の動きを中心に韓国の保育事情をみることにします。

1）幼児教育体系の二元化

　まず，二元化されている韓国の幼児教育・保育体系をみてみると，幼稚園に対する教育体系と保育施設に対する乳幼児保育体系に分かれていて，その管轄も教育部と女性部へとそれぞれ分かれています。日本の幼稚園と保育所がそれぞれ文部科学省と厚生労働省へと二元化されている現状と同様な体系をもっているのです。

　幼児の教育機関は「幼稚園」（ユチウォンと読む）であって国公立と私立幼稚園がありが，韓国の幼稚園はほとんど民間に依存しています。国・公立幼稚園数も少なく，その規模も小さいのは日本と異なる点でありましょう。幼児教育法に準じ，満3歳児クラスから満5歳児の幼児を対象にする教育機関です。（韓国では年齢は数え年でいうので，4歳から7歳の子どもたちがその対象になっています）幼稚園での保育内容は，読み・書きや算数，そして英語やピアノなどの知的教育・特技教育を行う傾向が見られます。

　それに対し，社会的・経済的に恵まれていない家庭の子どもに対して主に託

児機能を果たしているのが保育施設です。「乳幼児保育法」に準じ，6歳未満の子どもを対象にしています。この保育施設の中で代表的な機関が「オリニジップ」（子どもの家という意味）ですが，日本の保育所に相当するものです。保育施設にはこの「オリニジップ」の他にも，遊び中心の託児施設である「ノリバン」（遊び部屋という意味）や特技教育を中心にしながら託児機能を加えた各種塾（たとえば美術塾やピアノ塾など），そして企業の託児所などがあります。日本の場合，保育施設の圧倒的な形態が保育所であるのに対して非常に多様な形態の保育施設が存在しているのが韓国の保育施設の特徴です。実際，保育施設の法的根拠となる「乳幼児保育法」の中でも6種類の保育施設を認めています。① 国・公立保育施設，② 法人保育施設，③ 職場保育施設，④ 家庭保育施設，⑤ 父母協同保育施設，⑥ 民間保育施設です。

2004年に保育政策の行政を「保健福祉部」の所轄から「女性家族部」へと移管し，施設と保育者両方の改善を図っています。保育施設に勤めている保育者のことを韓国では「保育教師」といいますが，いままで認定制であったこの資格を2005年に改定された「乳幼児保育法」に基づいて，保育教師の資格を認定制の国家資格とし，保育教師の専門性を高めようとしています。そして，保育施設の設置においても申告制から認定制にかわるようになり，設置規準も強化されるようになりました。

韓国の急激な少子化現象は深刻な状況まで落ちていて，2002年の出生率は1.33，2003年には日本の1.29よりも低い1.19という出生率を記録しています。日本よりも低い数値を表しているのです。この少子化の影響により幼稚園数は年々減少していますが，働く母親も年々増えるにつれ，保育時間が短い幼稚園を望まなくなり，幼稚園の経営は非常に難航を繰り返しています。このような社会の変化に伴い，長時間保育の需要に応えて1998年から都市部の幼稚園では，延長保育（5時間）や全日制（8時間）のクラスを増設しています。そして，幼稚園と保育施設の保育内容も類似化しています。また幼稚園と保育施設が同じ施設内で運営されるなど韓国スタイルの幼保一元化の課題を抱えているのが

現状です。

　以上の現状から幼児教育界では，幼・保一元化に向けてのさまざまな動きや案が出ています。たとえば，保育施設の場合，保健福祉部や女性部などと非専門機関へと転々とすることは問題があるとして，教育部へと一元化する必要性を主張する声もあります。また，3歳未満の子どもは乳児期とし，託児・保育施設へ，満3歳以上から就学までは幼児期とし，「幼児学校」という機関でそれぞれ保育を行う案などが出されています。しかし，そこには幼稚園側と保育施設側の両者の利害が複雑に絡み合って，幼・保一元化への動きはなかなか決着がつかないままでいます。

2）幼児教育の公教育化に向けて

　2004年は，幼児教育史上一つの転機になった年であるといえます。それというのは，100年の歴史を持つ幼児教育ですが，やっと「幼児教育法」という独立した規定が制定されるようになり，韓国の幼児教育史の中で幼児教育の位置をまた確かなものにするようになったからです。日本の場合，独立した幼稚園規定である「幼稚園令」が1926年にすでに制定されたことから考えると，非常に遅いことが分かります。

　幼稚園教育に関しては，いままで独立した規定がなく，初・中等教育法，幼児教育振興法，乳幼児保育法などに散在していたのです。幼児教育界では1997年からその散在していた規定を体系化し，「幼児教育法」を制定しようと努力してきましたが，なかなか承認されなく，「幼児教育法」の審議をめぐって保育施設側との猛烈な対立もありました。

　結局保育施設側の要求により，幼稚園の「幼児教育・保護機能」から「保護機能」を削除する条件で，やっと2004年国会本会議で「幼児教育法」が通過されました。

　そして，「幼児教育法」と同時に「乳幼児保育法改定法」（1991年の規定を改定した）も承認され，今後，幼稚園や保育施設は前面的な競争体制に突入するようになっています。

「幼児教育法」と「乳幼児保育法改定法」は両者とも，施設及び人力に対する支援の強化，幼児教育・保育に対する公的責任の強化をその内容としています。その中でももっとも論争になっていたのが，幼稚園の教育費のことでありました。保育施設側の反対があったものの，「幼児教育法」の制定につれ，たくさんの問題を抱えながらも長い年月の懸案問題であった幼児教育の公教育化は，幼稚園における「就学前1年間無償教育」という形で事実上スターとしたのであります。2005年から順次に施行され，2007年には全面的に適応する方針であることを表明しました。

　韓国の場合，幼稚園・保育施設両者ともに民間主導で展開されてきました。幼稚園の場合，国・公立幼稚園に比べ私立幼稚園の方が3倍（1998年統計）近い園児数を持っています。

　小学校の併設幼稚園が多い国・公立幼稚園は，国の補助を受けて教育費が安いですが，その数も少なく，規模が小さいです。私立幼稚園の場合公立幼稚園に比べ4，5倍以上も教育費がかかります。私立幼稚園への依存度が高い韓国の幼児教育事情では，低所得層の家庭の子どもの場合，幼稚園教育を受けるのに親の私教育費がかなりの負担になっています。これも少子化を招く一つの原因になっていると言われています。

　民間に依存している事情は，保育施設の場合も同様です。保育業務を担当するようになった女性部によると，韓国の保育体制は民間施設が全体の93.4％を占める民間主導型です。そしてこのことが保育の質とサービスの低下を招くとし，保育施設に対する国家の支援と管理を強め，実質的な公共保育システムに転換しなければならないとの声も高くなっています。

　しかし，幼児教育法が制定されてから1年が経っている中で，予算の確保がネックになり，無償教育に対する具体的な動きは見られない現状です。公教育化のためにはまずある程度の予算が確保していない限り，実現可能なのかすら疑問視されています。

　いままで民間主導でさまざまな形態で行われてきた韓国の幼児教育・保育で

すが，その質は千差万別であり，今後は国が力を入れて公教育・保育へと転換し，ある一定の保育の質を保たなければならない時期に迫っています。

日本が新たな保育サービスを提供するということで保育園の民営化を進めていますが，実際，民営化のメリットは経済的な側面から語られる場合が多く，市場原理に流されやすいとの批判もある中で，日本とは異なる方向に向けて動いている韓国の保育政策の今後が注目されています。

参考文献
- 日本保育学会『諸外国における保育の現状と課題』世界文化社，1997年
- 丹羽　孝「韓国幼児教育政策とその当面課題―幼児教育の公教育化及び教育内容政策を中心に―」(保育学研究所『保育の研究』No.17, 2000年, pp.75-84
- 韓国乳幼児保育学会『韓国乳幼児保育学』No.38, 2004年, pp.25-46, pp.219-249
- 韓国乳幼児保育学会『韓国乳幼児保育学』No.39, 2004年, pp.171-195
- 李　相琴「韓国幼稚園教育―創立期の特性―」日本幼稚園協会『幼児の教育』第8巻，1984年, pp.15-21

4．日本の児童福祉

わが国の児童福祉は諸外国と同様に，その時代の統治体制や政治，経済，社会・文化，宗教等の状況によって変化していることを歴史的考察によって理解することができます。「子ども」(児童)は，人間社会にあって最も弱い立場にあることを認識し，子どもの「最大の幸福」について追求することが求められます。

ここでは，詳細な制度・法律等は割愛し，関係の章・節で理解を深めることとし，日本の児童福祉が「どのような視点で歩んできたか」について歴史的視点から考察します。

1）明治維新から太平洋戦争終結の時代

270年余も続いた徳川幕府（江戸時代）は，明治維新により世界に目を向け，海外との交流を積極的に開化する体制へと変化しました。1868年を明治元年と

して日本は「富国強兵」政策をめざしています。明治，大正，昭和の時代はこの「富国強兵」政策の下で，「子どもは国の宝」として近代国家建設，戦争等の担い手の一員として位置づけられていたものです。まさに，国家を存続させるために必要な「子ども」＝「成人となれば国を背負い立つ人間」として，まさに政治的な必要性からの位置づけでもありました。

古くから続いていた男尊女卑のもとで，より拍車をかけ，家族のあり方も，父を家長として絶対権限を与え，家族の統率者として位置づけた「家父長制度」は，やがて天皇を家父長とする皇国史観へと流れ，「赤子は天皇の子」として，特に軍事目的での子育て観が時代を風靡していました。「産めよ増やせよ」のスローガンのもと，「子ども」は，戦争遂行に必要な「宝」としての思想が強調されてきていました。

そのような位置づけの子ども観の社会の中でも，弱い子どもの救済に乗り出す宗教家，篤志家，社会事業家も生まれています。明治初期に大阪府は，棄児や行旅病者などを保護し，子どもや成人の混合による宿所を提供するものとしての「救恤場（きゅうじゅつじょう）」を設置し救済に当たっています。また，1869（明治2）年2月には，当時日田県知事（現在の大分県・日田市）の松方正義は，孤児，貧児，病児，貧困妊婦などを収容する目的で「日田養育館」を設立しています。これを発案したのは，地元大分で捨子養育事業をすすめていた諫山東作（いさやまとうさく）といわれます（『広瀬淡窓夜話（ひろせたんそう）』より）。1869（明治2）年4月に，東京府は老幼や浮浪者を救済するために「七分積金」などを利用した救育所（三田貧院）を設立し，高輪，麹町，四谷見附にも増設され，毎月3,000石ずつ支給して救済に当たっています。このような制度は，江戸時代から80余年間続いた町会所（まちかいしょ）（七分積金を利用した救済のための救小屋・救育所等）が1872（明治5）年には廃止され，東京府が取り扱うことになって行われたもので，その七分積金も府に保管され，後の生活困窮者を含めた老若男女の混合施設である東京府立養育院設立（初代院長は渋沢栄一氏）に活用されています。

明治期における代表的な児童保護施設としては，1887（明治20）年9月，石

井十次が岡山に「孤児教育会」（後の岡山孤児院と改称）を創立しています。石井は濃尾大地震や東北大飢饉に際して多くの孤児を受け入れ，1906（明治39）年には1,200名を超えた収容児童（家族的保護）施設となっています。また，日本で最初の保育所と言われているものでは，1890（明治23）年に，赤沢鐘美・仲子夫妻により，新潟静修学校に保育部を付設し，託児施設として創設されています。翌年の1891（明治24）年には，石井亮一が聖三一孤女学院（後に滝乃川学園と改称）を日本初の知的障害児教育施設として設立しています。

　1899（明治32）年6月には，幼稚園保育及び設備規程が制定され，翌年の1月には野口幽香・森島峰により，二葉幼稚園（四谷・後の二葉保育園）が設立されています。

　このように戦前には，戦争，災害，飢饉等による孤児や障害を抱える子どもへ手を差し延べるのは，社会事業家や篤志家といわれる人々でした。戦前に見られるように「恩恵的救貧政策」は，官民一体型ともいえる制度であり，先述のように家父長制度（血縁）や隣人5人組（地縁）による隣保相扶（相互扶助）の徹底による生活観と児童観でした。

　明治時代，大正時代，昭和の戦中・戦前政府による代表的関連法の整備についてみると，1874（明治7）年に制定された恤救（じゅっきゅう）規則，1929（昭和4）年の救護法，1933（昭和8）年の児童虐待防止法及び少年救護法，1937（昭和12）年の母子保護法などの法律も，それらの内容は戦災による遺児，身寄りのない子，極貧家庭での母子などを対象とした救済制度であり，限定されたものです。

　1938（昭和13）年には，社会事業法，国家総動員法，国民健康保険法なども公布されていますが，いずれも，戦争病者や傷兵，孤児，母子の保護を中心にした法による整備でした。子どもはいわゆる富国強兵政策，軍事教育からくる子どもを日本国建設のために必要な「人材・道具・消耗品」的思考の位置づけでした。

2）終戦直後からの児童福祉法等の整備

大東亜戦争（第2次世界大戦）は1945（昭和20）年にポツダム宣言を受諾し，明治，大正，昭和にわたって繰り返し推し進めた戦争は，わが国の敗戦により終結しています。

新憲法等の制定に当たっては，GHQ（米国を中心とした連合国総司令部）の指導の下でわが国の建て直しの作業が敗戦直後より始まり，日本国憲法は，1946（昭和21）年11月3日に交付され，翌年5月3日より施行されています。敗戦直後は，戦災孤児や浮浪児などが街にあふれ，未来のある子どもたちを心身ともに健やかに，育成する観点から1947（昭和22）年12月には児童福祉法も制定されています。そのころ，海外からの復員や引揚者が700万人以上にも上っていますが，日本の復興の第一弾の足跡といえる「第一次ベビーブーム」がこの時代でもあります。いわゆる「団塊の世代」の誕生です。

GHQの指導の下で，社会福祉三原則である① 国家責任の原則，② 無差別平等の原則，③ 必要充足の原則が示され，また，憲法第11条の「基本的人権」，同第25条で「国民の生存権，国の保障義務」が明文化されたことは，今日の児童福祉，社会福祉の基盤整備に大きく影響を与えています。

戦後の復興のさなか，1951（昭和26）年5月5日には「児童憲章」，同年3月には社会福祉事業法（現　社会福祉法）が制定されています。特に児童憲章前文でうたわれている児童観と児童の幸福をはかるための12項目は，戦前のように児童をおとなや保護者，ましてや政府政策の消耗品的，私物的観念が横行した時代とはまったく異なるものです。児童憲章の実現については，その後現在に至るまで追求しているものであり，いつも弱い児童の立場に最善の利益が得られる児童観と施策が求められています。

日本経済の伸展・復興の中で，母子保健法，児童手当法などの制定をはじめさまざまな整備がされています。また，国際連合総会による1924年の「児童の権利に関するジュネーブ宣言」，1959年の「児童権利宣言」，1989年の「国連の児童の権利に関する条約」，それらを踏まえた日本での1994（平成6）年の

「児童の権利に関する条約」批准・発効などの動向と児童観の普及・啓発は，児童の利益が最大限尊重されるよう配慮することを唱えているものです。

　日本は世界で例のない未曾有の高齢化，核家族化，都市集中型社会に入り，併せて女性の社会参加は新たな家族問題を始め児童の教育，養育にも大きな課題をもたらしています。

3）基礎構造改革と国際化の中の児童福祉

　少子高齢化社会を迎えた今日では，さまざまな児童に係わる問題を生み出しました。乳幼児・児童への虐待，子育て支援，保育所への入所待機乳幼児の増加等々です。戦後50年も続いた児童福祉法を初め，各関連法も要援護者や生活者の福祉ニーズに対応できないという，いわゆる制度疲労観の中で，社会福祉基礎構造改革の提言をうけて見直しがされました。高齢化社会の中での介護を支援する介護保険法の成立，社会福祉事業法をはじめ児童福祉法改正などに着手し，福祉利用の措置時代から選択・契約時代へと大きく改正されました。具体的な施策・制度としては，エンゼルプラン（1994年），緊急保育対策等5ヵ年事業（1995年），児童家庭支援センターの創設（1997年），新エンゼルプラン（1999年），児童虐待の防止に関する法律（2000年），児童手当法の改正（2000年），少子化対策プラスワン策定（2002年），次世代育成支援対策推進法制定（2003年），少子化社会対策基本法制定（2003年），発達障害者支援法制定（2004年），子ども・子育て応援プラン（2004年）等々の児童福祉にかかわる法律の改正，新設が行われています。いずれも急激な少子化対策を基礎に支援する内容となっているものといえます（詳細は関連の章・節を参照）。

　この世に生を享けた掛け替えのない乳幼児・児童を，おとなや家族の私物化観の中での保護の対象者としてとらえるのではなく，「一人の人間としての尊厳」を重要視した思想の普及・教育が求められています。中でも，高度情報化，国際化の中では1959年に国連総会で採択された児童権利宣言の前文で明文化されているように『人類は児童に対し，いかなる国籍，皮膚の色，出自，性，言語，宗教，政治上等により差別なく，最善のものを与える義務を負う』とあり，

> ☕ **インテグレーション・インクルージョン・ソーシャルインクルージョン**
>
> 　インテグレーションは統合教育として障害のある子ども達を普通学級で一緒に教育を受ける運動として発展してきました。しかし無理やり普通学級で一緒に教育を受けることが障害を持つ子どもにとって幸せかという疑問もありました。そこで子どもに合わせた教育をというインクルージョン（包括）教育が生まれました。このインクルージョン教育では子どもにあわせて環境を変えることですが、障害児も健常児もありません。さらにソーシャルインクルージョンでは、全ての人が社会から排除されることなく、どのような人からも互いに学びあい、助け合う社会を目指すことを意味します。

　1985年にユネスコは国際成人会議において「学習権宣言」を採択していますが、その宣言には『学習権は未来のためにとっておかれる文化的贅沢品ではない。それは生き残るという問題が解決されてから生じる権利ではない。基礎的な欲求が解決されてから生じる権利ではない。学習権は、人間の生存に不可欠な手段である』と述べています。また、WHO（世界保健機関）が示した国際障害者分類（ICIDH）から国際生活機能分類（ICF）に変更された視座を基本とした児童観の造成が求められています。

参考文献
- 福祉士養成講座編集委員会編『新版社会福祉士養成講座16資料編』中央法規，2005年
- 全国社会福祉協議会90年通史編纂委員会『慈善から福祉へ』全国社会福祉協議会，2003年
- 村川浩一編『地域福祉計画・次世代育成支援計画ハンドブック』第一法規，2005年
- 厚生省児童局編『児童憲章制定記録』中央社会福祉協議会，1951年

第3章 児童福祉関連法・制度

1．児童福祉法

　終戦直後のわが国では社会が混乱し，戦争で親をなくした孤児たちが空襲で焼け野原となった街にあふれていました。彼らの中には，生き抜くために盗みや恐喝などの犯罪を重ねる者も少なくありませんでした。このような戦争孤児たちの保護事業は，当時の政府の緊急課題のひとつでした。こうした時代状況を背景として，わが国の児童福祉の基本である「児童福祉法」は，困窮する児童を保護，救済する必要性と，さらに，次代を担う児童の健全な育成を図るため，1947（昭和22）年に制定されました。

　現在では，いろいろな問題から家庭で暮らすことのできない児童等への施設サービス（児童養護施設，乳児院，母子生活支援施設等）や，保育所における保育サービス，障害児に対する在宅・施設サービス等が児童福祉法に基づいて実施されています。さらに児童福祉法は，要保護児童の保護，救済といった限定的な制度から，少子化の一層の進行や，児童虐待といった新たな課題に対応すべく，すべての児童の健全な発達保障へとその対象を広げてきています。

1）児童福祉法の要点
①　児童福祉の原理

　第1条において，「すべて国民は，児童が心身ともに健やかに生まれ，且つ，育成されるよう努めなければならない」また「すべて児童は，ひとしくその生活を保障され，愛護されなければならない」と，児童の生存権と成長する権利を掲げています。さらに第2条では「国及び地方公共団体は，児童の保護者とともに，児童を心身ともに健やかに育成する責任を負う」として，行政府が保護者とともに児童を育成，保護する責任のあることを明確にしています。

②　児童福祉法における言葉の定義

　児童福祉法においては，「児童」を18歳未満の者と規定し，次のように区分

しています。

　乳児：満1歳に満たない者
　幼児：満1歳から，小学校就学の始期に達するまでの者
　少年：小学校就学の始期から，満18歳未満の者

　また，「妊産婦とは，妊娠中又は出産後1年以内の女子」をいい，「保護者とは，親権を行う者，未成年後見人その他の者で，児童を現に監護する者をいう」と児童福祉法では規定しています。

　また，2004（平成16）年の改正により，「里親」が明確に位置づけられ，児童福祉施設の長と同様に監護，教育及び懲戒に関する権限をもつことが規定されました。

　③　児童福祉の機関

　児童福祉法では，児童福祉に関する事項を調査し審議等を行う機関として，各都道府県や市町村に児童福祉審議会を置くことを規定しています。また児童福祉を図るための専門機関として，児童相談所，福祉事務所，保健所を規定し，さらに児童福祉司，児童委員，保育士の業務に関する規定もあります。

　④　児童福祉施設

　児童福祉法で規定している児童福祉施設には，助産施設，乳児院，母子生活支援施設，保育所，児童厚生施設，児童養護施設，知的障害児施設，知的障害児通園施設，盲ろうあ児施設，肢体不自由児施設，重症心身障害児施設，情緒障害児短期治療施設，児童自立支援施設及び児童家庭支援センターがあります。

　2）児童福祉法をめぐる近年の改正

　①　1997（平成9）年の改正

　少子化の進行，夫婦共働き家庭の一般化，家庭や地域の子育て機能の低下，離婚の増加など，児童を取り巻く状況は大きく変わってきました。この変化に対応するため，1997（平成9）年6月に制定後はじめて本格的な改正が行われ，翌年4月から施行されました。おもな改正点は以下のとおりです。

ア それまで市町村の措置によって行われていた保育所入所が，保育に関する情報の提供に基づき，希望する保育所を保護者が申し込み，市町村は保護者の希望する保育所において保育の実施を図ることを原則とする「選択的利用方式」に改められました。また保育料の負担の方法が，それまでの所得の額によって設定されていた応能負担方式から，保育コストから計算する応益負担方式への転換を目指すことになりました。

イ 地域における児童相談体制の強化策のひとつとして，児童家庭支援センターが創設されることとなり，問題の早期発見，早期対応，きめの細かい指導が期待されました。

ウ 養護施設（児童養護施設）や教護院（児童自立支援施設）等の児童福祉施設の機能や名称等の改正が行われました。

② 2001（平成13）年の改正

都市部を中心に，保育所入所の慢性的待機状況が続く中で，劣悪な保育環境にあるベビーホテル等の認可外保育施設の増加と，それにともなう事故の増加が社会問題となってきました。このため，これらの問題を解決すべく，2001年（平成13）11月に改正が行われました。主な改正点として以下のことがあげられます。

ア 認可外保育施設に都道府県知事への届け出と運営状況の報告の義務を課しました。

イ 市町村は，保育所の公設民営化のために必要な措置を講ずることが盛り込まれました。

ウ 保育の質の向上を図るため，保育士の資格を国家資格とし，保育士でないものが保育士を称することを禁止（名称独占）しました。

エ 都道府県と市町村は連携して，認可外保育施設のサービス内容等に関する情報提供を行うこととされました。

オ 悪質な施設を排除するため，従来の「事業停止命令・閉鎖命令」に加え，「勧告・公表」の規定を設けました。

図表3－1　児童福祉施設の名称及び機能の見直し

改正前			改正後		
名称	対象児童	機能	名称	対象児童	機能
救護院	不良行為をなし，又はなすおそれのある児童	児童を教護する（注）「教護」とは，教育，監護のこと	児童自立支援施設	現行の対象児童のほか，家庭環境その他の環境上の理由により生活指導等を要する児童に拡大。	単に保護するだけでなく，退所後の支援などを行い，児童の自立を支援。
養護施設	保護者のない児童，虐待されている児童など	児童を養護する（注）「養護」とは，養育，保護のこと	児童養護施設	改正前と同じ。	単に養護するだけでなく，退所後の支援などを行い，児童の自立を支援。
乳児院	乳児（満1歳未満）	乳児を療育する	乳児院	乳児のほか，保健上等の理由により必要な場合，おおむね2歳児未満の児童に拡大。	改正前と同じ。
情緒障害児短期治療施設	軽度の情緒障害を有するおおむね12歳未満の児童	児童の情緒障害を治す	情緒障害児短期治療施設	軽度の情緒障害を有する児童（年齢要件を撤廃）。	改正前と同じ。
虚弱児施設	身体の虚弱な児童	児童の健康増進を図る	児童養護施設に移行する。	
母子寮	母子	母子を保護する	母子生活支援施設	改正前と同じ。	単に保護するだけでなく，その自立の促進のために生活を支援。

現行		改正後	
名称	自立相談援助事業（予算事業）	名称	児童自立生活援助事業（法制化）
内容	義務教育修了後の児童に対し，小規模ホーム形態で，社会的自立に向けた相談援助を行う。	内容	同左。

出典）厚生労働省資料

③ 2003（平成15）年の改正

少子化対策を総合的・体系的に推進するため，それまで要保護児童対策や保育対策が中心であった児童福祉政策が，すべての子育て家庭への支援を行う政策へと大転換が図られました。それにともない，児童福祉法も大きく改正が行われました。

ア　地域子育て支援事業，一時保育事業などの子育て支援事業の充実が図られました。

イ　市町村は，子育て支援事業に関し，情報提供，相談，助言を行うこととなりました。

④ 2004（平成16）年の改正

児童虐待防止法の改正に伴い，2004（平成16）年11月に児童福祉法も一部改正成立し，児童相談体制の見直しなどが図られました。

ア　市町村を児童相談の一義的な窓口として位置づけ，中核市等においても児童相談所を設置できることとしました。

イ　児童相談所長に研修の受講義務が課せられ，また児童福祉司の任用用件が厳格化されました。

ウ　児童虐待防止ネットワークすなわち，要保護児童対策地域協議会の設置が法定化されました。

2　児童に関する社会保障関連の法律

1）児童手当法

1971（昭和46）年に制定された児童手当法は，次代の社会を担う児童の健全育成や資質の向上に資するために，子どもの多い家庭を経済的に支援する目的で定められました。当初は児童（18歳未満）を3人以上監護している養育者に対し，義務教育修了前の第三子以降の児童につて支給されていました。その後幾度かの改正を経てきたのですが，近年では少子化対策のひとつとして国会において支給期間の延長が議論されています。現在では第一子から支給対象児童

となっており，第一子と第二子は月額5,000円，第三子以降は月額1万円が小学校3学年修了前まで支給されます（2005年現在）。

2）児童扶養手当法

1959（昭和34）年に制定された国民年金法により，父親を亡くした母子家庭には母子福祉年金が支給されることとなりましたが，離婚等により生別母子家庭となった家族には年金は支給されません。そのため，年金支給を受けられない母子家庭を対象に児童扶養手当法が1961（昭和36）年に制定されました。この法律は，父と生計を同じくしていない児童が育成される家庭の生活の安定と自立促進に寄与するために，その児童について児童扶養手当を支給することにより，児童の福祉の増進を図ることを目的としています。「父と生計を同じくしていない児童」とは，父母が婚姻を解消した児童，父が死亡した児童，父が障害の状態にある児童，父の生死が明らかでない児童，母が未婚の児童等です。現在の支給対象児童は，父母が婚姻解消した児童が圧倒的に多いのが特徴です。

受給者は，上記に該当する児童を監護又は養育する母親等になりますが，児童の支給年齢制限は，18歳の誕生日の属する年度末までです。母親の所得によって支給額は異なりますが，最高額で月額第一子42,370円，第二子加算は5,000円，第三子以降加算は3,000円（2005年現在）となっています。ただし，母親等が老齢年金以外の公的年金給付を受けることができると，年収365万円以上の場合には，手当ては支給されません。

3）特別児童扶養手当法

「特別児童扶養手当」は，精神，知的又は身体に中・重度の障害を有する20歳未満の児童を監護又は養育している父母又は養育者に支給されます。支給額は月額で1級（重度）月額51,550円，2級（中度）月額34,330円（2005年現在）となっています。

特別児童扶養手当法は，当初「重度知的障害児扶養手当法」として，1964（昭和39）年に制定されました。その名称のとおり始めは重度の知的障害児の

みを対象としていました。その後1966年に重度の身体障害児を対象に加え「特別児童扶養手当法」と名称が変わり，1972年には精神障害児も加わりました。また1975年には，支給対象が中度の障害児まで拡大されました。

さらに，精神，知的又は身体に著しく重度の障害を有する20歳未満の児童（障害児のうちさらに重度の障害の状態にあるため，日常生活において常時の介護を必要とする者）を監護又は養育している父母又は養育者には「障害児福祉手当」（月額14,610円　2005年現在）が上乗せて支給されています。また，20歳以上でいちじるしく重度の障害を有する（日常の生活において常時特別の介護を必要とする）特別障害者には「特別障害者手当」（月額26,860円　2005年現在）が支給されます。これらの手当ては，福祉の増進を図ることを目的としています。

ただし，これらの手当を受けるには，所得制限があります。また，児童が通所施設，養護学校の寄宿舎等を除く施設に入所している場合や児童が障害を理由とした他の公的年金を受けている場合は支給されません。

4）母子及び寡婦福祉法

この法律は，1964（昭和39）年に，「母子福祉法」として制定され，1981（昭和56）年に，母子家庭に加えて，母子家庭の母である寡婦に対しても福祉の措置がとられるよう規定され，「母子及び寡婦福祉法」となりました。この法律に定める施策には，母子家庭の母及び寡婦の経済的自立の助成と生活意欲の助長を図るため，母子福祉資金や寡婦福祉資金の貸付け，母子自立支援員による相談や自立に必要な情報の提供，求職活動に関する支援，居宅等における日常生活等の支援，売店等の設置の許可，公営住宅入居の特別の配慮，保育所入所の特別の配慮，雇用の促進，母子家庭自立支援給付金の支給等があります。

2002（平成14）年，一部が改正され，子育て・生活支援，就労支援，養育費の確保，経済的支援および国及び地方自治体における総合的な自立支援体制の整備が図られました。

5）母子保健法

「母子保健法」は，1965（昭和40）年に制定されたもので，母性ならびに乳児，幼児の健康の増進を図るため，母子保健に関する原理を明らかにするとともに，母性ならびに乳児，幼児に対する保健指導，健康診査，医療その他の措置を講じ，国民保険の向上に寄与することを目的としています。

具体的には，母子保健に関する知識の普及，妊娠の届け出，母子健康手帳の交付，3歳児の健康診査，保健指導や新生児の訪問指導，未熟児養育医療，妊娠中毒症等の療養援護，母子栄養強化対策，母子健康センターの設置などについて規定されています。

1994（平成6）年に改正され，1歳6ヵ月児健康診査が法制化されるとともに，妊産婦，乳幼児の保健指導が加わりました。また1997（平成9）年4月から妊産婦や乳幼児の保健指導，3歳児健康診査などが，市町村において実施されることとなり，母子保健業務における市町村の役割が強化されました。

3 児童をめぐる虐待や暴力に関する法

1）児童虐待防止法

近年，児童相談所における虐待相談件数が急増し，さらに虐待が傷害事件や傷害致死事件にまで及ぶなど児童虐待問題が深刻化しています。そこで国は，この問題を適切に対応するために，児童福祉法とは別に新しい法律の制定に着手しました。そして，2000（平成12）年，「児童虐待の防止等に関する法律（児童虐待防止法）」が制定されたのです。

この法律には，児童虐待が児童の人権をいちじるしく侵害し，その心身の成長及び人格の形成に重大な影響を与えるとして，児童に対する虐待の禁止，児童虐待の予防及び早期発見その他の児童虐待の防止に関する国及び地方公共団体の責務，児童虐待を受けた児童の保護及び自立の支援のための措置等に関しての定めがあります。

ところで，「児童虐待」はこの法によって次のように定義してあります。「児

> ☕ **虐待・体罰**
>
> 　体罰と虐待の区別は必ずしも明確ではありません。現在でもしつけの一環として体罰を容認するおとなは多く，おとなの感情によって暴力・体罰が虐待になるのです。虐待は加害者が親又は，これに代わる保護者であり，その暴行が決して偶発的ではないということです。

童虐待」とは，保護者等が，① 児童の身体に暴行を加えること　② 児童にわいせつな行為をすること又はわいせつな行為をさせること　③ 児童の心身の正常な発達を妨げるような著しい減食又は長時間の放置。保護者としての監護を著しく怠ること　④ 児童に対する著しい暴言又は著しく拒絶的な対応，児童が同居する家庭における配偶者に対する暴力など児童に著しい心理的外傷を与える言動を行うことと規定されています。

　さて，虐待が行われていた場合，早期発見，通告がなされるように以下のような定めがあります。「学校，児童福祉施設，病院その他児童の福祉に業務上関係のある団体及び学校の教職員，児童福祉施設の職員，医師，保健師，弁護士その他児童の福祉に職務上関係のある者は，児童虐待を発見しやすい立場にあることを自覚し，児童虐待の早期発見に努めなければならない。」また「児童虐待を受けたと思われる児童を発見した者は，すみやかに福祉事務所もしくは児童相談所，又は児童委員に通告しなければならない。」と定められています。特に学校や児童福祉施設，医療機関の職員や弁護士らに早期発見の努力義務を課し，これらの職務にある人たちが，児童相談所等に通告しても守秘義務違反に問われないことを保障しています。

　また，児童虐待が通報された住居への立ち入り調査，警察に対する援助要請，児童虐待を行った保護者に対する指導，親権の一時停止，児童虐待を受けた児童について施設入所等の措置，支援等についての規定があります。

2）ドメスティック・バイオレンス防止法（DV防止法）

　DV防止法は，2001（平成13）年4月13日に成立し，同年10月施行されました。正式な法律名は「配偶者からの暴力の防止及び被害者の保護に関する法律」

といいます。夫や事実婚の相手からの暴力は，長い間「夫婦ゲンカ」や「男女のもつれ」として，私的な関係で行われる行為だと考えられてきましたが，この法律によって，はっきり「犯罪」として規定されました。それに基づき，DV防止法では，次のようなことが定められました。

① DV対応のための法的なしくみの整備

国・地方公共団体は，配偶者からの暴力を防止し，被害者を保護する責任があるとしました。そして県には，配偶者暴力相談支援センターを設けることとされました。また，警察は，暴力が行われていると認められるとき，暴力の制止，被害者の保護，そのほか暴力被害の発生を防止するための措置をとります。

② 保護命令

生命や身体に重大な危害を受けるおそれが大きいとき，被害者は地方裁判所に申し立てを行い，配偶者に対して6ヵ月間付きまとわれないこと（これを接近禁止命令といいます）や，2週間の住居からの退去を命じてもらうことができます（これを保護命令といいます）。保護命令に違反した者には，1年以下の懲役又は100万円以下の罰金に処せられます。

③ 通報

DVの被害を知ったとき，国民は警察や自治体などへ通報する努力をすることが義務付けられました。特に被害者のケガなどを知ることができる医師は，被害者の意思を尊重した上で，通報できることを規定しています。

また，DV防止法は，2004（平成16）年6月に改正され，同年12月より施行されました。改正の主なポイントは以下の通りです。

① 身体的な暴力だけでなく，身体的な暴力に準ずる心身に有害な影響を及ぼす言動も対象となりました。

② 離婚後（事実婚解消後）にも続いて暴力を受ける場合も対象となりました。

③ 都道府県だけでなく，市町村でも配偶者暴力相談支援センターの機能を

果たすことができることになりました（その場合は，市町村において，配偶者暴力相談支援センターの指定を行うことが必要です）。
④　配偶者暴力相談支援センターは，その業務を行うにあたっては必要に応じ，民間団体との連携に努めることが新たに規定されました。
⑤　被害者だけでなく，被害者と同居する子についても接近禁止命令を出すことが可能になり，再度の申立ても可能になりました。退去命令についても，再度の申立ても可能になりました。また，接近禁止命令と退去命令とも，それまでは婚姻関係または事実婚の関係にある者が対象でしたが，今回の改正で，元配偶者も含むことになりました。
⑥　国籍やしょう害の有無を問わず被害者の人権を尊重し安全の確保・秘密の保持に十分な配慮をするよう明記されました。
⑦　改正DV防止法では，国及び地方公共団体の責務に，被害者の自立支援を含む被害者の保護を明記しています。また，配偶者暴力相談支援センターの業務内容や福祉事務所による自立支援も明記されました。

3）児童買春禁止法

「児童買春，児童ポルノの行為処罰・児童保護法（児童買春禁止法）」は，1999（平成11）年に制定されました。18歳未満の児童の人権を守るという理念にのっとって，児童買春，児童ポルノに関する行為を処罰し，これらの行為で心身に悪影響を受けた児童の権利を守ることを目的としています。

この法律制定のきっかけとなったのは，実に1996年8月にスウェーデンで開かれた「子どもの商業的搾取に反対する世界会議」で，日本人旅行者などによる児童買春の横行が野放し状態であると，厳しく指弾されたことでした。そしてまた国内的には，女子高生らの間に広がりが指摘されていた援助交際に有効な取り締まりの道を開こう，ということも制定の背景にありました。この法律の施行によって，アジア諸国で児童買春をした日本人観光客や，中高生と「援助交際」した人をきちんと罰することができるようになりました。すなわち「児童買春をした者は3年以下の懲役又は100万円以下の罰金に処する」となっ

たのです。

4）少年法

　少年法の基本的理念は，教育的福祉的措置を原則とし，刑罰を例外としています。そのため，法を犯した児童に適切な処遇選択ができるように，少年鑑別所がおかれています。鑑別所では，入所中に一人ひとりの児童を家庭裁判所が鑑別し，保護観察，少年院送致，児童福祉施設収容などの保護処分を決定するという仕組みです。

　しかし，近年の少年事件の低年齢化，凶悪化を背景に，2000（平成12）年の法改正で，殺人等重大事件への検察官の関与と家庭裁判所の審判結果に対する抗告権の付与，鑑別所入所期間の延長，刑罰適用年齢の16歳から14歳への引き下げなどが実施されました。いわゆる「保護・矯正主義」から「厳罰主義」へと移行していく傾向にあります。

4　エンゼルプラン

1）エンゼルプランの概要

　1994（平成6）年12月16日に，厚生・文部・労働・建設4大臣による合意として，「今後の子育て支援のための施策の基本的方向について（エンゼルプラン）」が発表されました。前年の合計特殊出生率は1.46と史上最低を記録していました。当時政府は，少子化による影響として，① 子ども同士のふれあいの減少等により自主性や社会性が育ちにくい　② 年金などの社会保障費用に係る現役世代の負担が増大していく　③ 若年労働力の減少等による社会の活力の低下，などを懸念していました。そのため，少子化を打破すべく，このプランは策定されたのです。「エンゼルプラン」では，子どもを産み育てる上でのさまざまな制約要因を除外していくことは，国や地方自治体はもとより，企業・職場や地域社会の役割であり，そうした観点から子育て支援社会の構築を目指すことを要請しています。

　そこで提案された重点施策が，事業所内託児施設の設置促進，再雇用制度の

普及，フレックスタイム制等の弾力的な労働時間制度の普及促進などの，仕事と育児との両立のための雇用環境の整備。低年齢児受け入れ枠の拡大，延長保育の拡充，駅型保育，一時的保育事業の拡充などの保育システムの多様化・弾力化の促進。その他，地域における母子保健医療体制の整備，良質なファミリー向けの住宅の供給，子どもの遊び場，安全な生活環境等の整備，ゆとりある学校教育の推進と学校外活動・家庭教育の充実，税制上の措置や児童手当，年金等の社会保障制度等を含め子育てコストへの社会的支援の在り方についての検討，地域子育て支援センターの整備などがあげられました。

2）新エンゼルプラン

エンゼルプランの策定から4年が経過しましたが，いっこうに少子化に歯止めがかかりませんでした（1998年の合計特殊出生率は1.38）。そこで政府は1999（平成11）年12月19日，子育て支援サービスの充実や母子保健医療体制の整備などを柱とする「重点的に推進すべき少子化対策の具体的計画（新エンゼルプラン）」（大蔵，文部，厚生，労働，建設，自治の6大臣の合意）を策定しました。「新エンゼルプラン」は「エンゼルプラン」を継承・発展させ，より具体的に重点項目を絞って推進していくという，2000年度以降5年間の施策計画です。

3）新新エンゼルプラン

2004（平成16）年6月に閣議決定された「少子化対策大綱」で掲げた4つの重点課題に沿って，2004年度から2009年度までの具体的な実施計画を示したのが「新新エンゼルプラン」です。保育サービスのさらなる拡充に加え，将来の親となる若者の自立支援や家庭を大切にする職場環境の実現など，おおむね10年後を展望した「目指すべき社会の姿」が提示されています。そして，

(1) 若者の自立とたくましい子どもの育ち
(2) 仕事と家庭の両立支援と働き方の見直し
(3) 生命の大切さ，家庭の役割等についての理解
(4) 子育ての新たな支え合いと連帯

からなる4つの重点課題が掲げられています。

注目すべき点は，① 育児期の男性が家事と育児に費やす時間（現在1日平均48分）を先進国並みの2時間程度とする，② 長時間労働（週60時間以上）している人の割合について30歳代の男性では現状の23％から半減させる，③

図表3－2　重点的に増進すべき少子化対策の具体的計画（新エンゼルプラン）

○ 平成12年度を初年度として平成16年度までに重点的に推進する少子化対策の具体的実施計画（大蔵，文部，厚生，労働，建設，自治6大臣合意）

（厚生省関係部分）

1．保育サービス等子育て支援サービスの充実

事項	平成11年度	平成16年度
① 低年齢児の受入れ枠の拡大	58万人	68万人
② 多様な需要に応える保育サービスの推進		
・延長保育の推進	7,000か所	10,000か所
・休日保育の推進	100か所	300か所
・乳幼児健康支援一時預かりの推進	450か所	500市町村
・多機能保育所等の整備	7～11年度の5か年で1,600か所	16年度までに2,000か所
③ 在宅児も含めた子育て支援の推進		
・地域子育て支援センターの整備	1,500か所	3,000か所
・一時保育の推進	1,500か所	3,000か所
・放課後児童クラブの推進	9,000か所	11,500か所

2．母子保健医療体制の整備

事項	平成11年度	平成16年度
・国立成育医療センター（仮称）の整備等		13年度開設
・周産期医療ネットワークの整備	10都道府県	47都道府県
・小児救急医療支援の推進	118地区	13年度までに360地区（2次医療圏）
・不妊専門相談センターの整備	24か所	47か所

出典）才村　純「子ども家庭福祉の法体系と実施体制」高橋重宏・才村純編著『社会福祉選書4　子ども家庭福祉論』建帛社，2001年，p.43

育児休業の取得率を男性は10％（現在0.3％），女性は80％（同64％）とするなどの数値目標が示されている点です。その他にも，これまでとは一味違った施策とその方向性が示されています。たとえば，重点課題のひとつ「若者の自立とたくましい子どもの育ち」では全国の小・中・高等学校において一定期間のまとまった体験活動の実施を掲げ，多くの子どもがさまざまな体験をもつ社会を目指すことが示されています。また「生命の大切さ，家庭の役割などについての理解」では保育所，児童館，保健センターなどで中・高校生が乳幼児とふれあう機会を提供をすること，学校で「子育て理解教育」を推進することなど，多くの若者が子育てに肯定的なイメージを持つことを目指しています。

図表3－3　「新新エンゼルプラン」の目標数値
（平成16年度→平成21年度）

気軽に立ち寄れる「つどいの広場」	171カ所→1,600カ所
地域子育て支援センター	2,783カ所→4,400カ所
延長保育	12,783カ所→16,200カ所 （全国の保育所の約7割で実施）
休日保育	666カ所→2,200カ所 （全国の保育所の約1割で実施）
夜間保育	66カ所→140カ所 （人口30万人以上の市の約5割で実施）
放課後児童クラブ	15,133カ所→17,500カ所
乳幼児健康支援一時預かり（病後児保育）	507カ所→1,500カ所 （全国の市町村の約4割で実施）

出典）厚生労働省

参考文献
・吉澤英子・西郷泰行『児童家庭福祉論』光生館，2003年
・改定・保育士養成講座編纂委員会『改定・保育士養成講座2005　第2巻　児童福祉』全国社会福祉協議会，2005年
・西尾祐吾『児童福祉論』晃洋書房，2005年
・加藤俊二『現代児童福祉論』ミネルヴァ書房，2005年
・精神保健福祉士養成セミナー編集委員会『精神保健福祉士養成セミナー　第11

巻　公的扶助論　改定第3版』ヘルス出版，2005年
・山田秀雄『Q&A　ドメスティック・バイオレンス法　児童虐待防止法　解説第2版』三省堂，2004年

第4章　ソーシャルワークと児童福祉

1．基礎としての発生と発達

1）人間の発達とソーシャルワーク

　1920年にインドのミドナプールで，狼に育てられたアマラ（約1歳半）とカマラ（約8歳）という2人の少女が発見，保護されました。発見された当時，2人はまさしく「狼」そのもので，4つ足で歩き，手を使わずに皿から直接飲み食いをし，夜には遠吠えをし，暗闇でも物を見ることができるという能力まで備わっていました。保護された後，年長のカマラは推定17歳まで生きましたが（年少のアマラは保護後1年足らずで死亡），3～4歳の知能までしか発達せず，言葉も30語ほどしか話すことができませんでした。

　この事例からもわかるように，人間はこの世に生まれてきさえすれば勝手に人間らしく育つわけではなく，出生後の生活環境から学習した事柄に大きな影響を受けます。もちろん，たとえどのような環境に育とうとも，人間は他の生物とは異なる特有の身体的特徴を持ち備えているわけですから，当然人間の発達には遺伝的要因も関係していると考えられます。つまり，人間は遺伝的要因と環境的要因の相互作用によって成長・発達していくということになります。

　児童の福祉を守るソーシャルワーク実践は，児童の成長・発達と生活を援助する活動です。こうした活動を専門的視点から行うために，まずは児童の発達過程のメカニズムを十分理解しておく必要があります。

2）発達段階

　人間の発達段階の種類には，身体的成長速度や思考（知能），社会性，遊びなどさまざまなものがあり，その区分方法も千差万別です。しかも，本来発達とは連続的なものである上に，発達には個人差があることを考えると，総合的かつ普遍的な発達区分を示すことは困難です。しかし，発達には一定の順序や方向性があり，ある時期に特定の領域に顕著な変化が観察されることから，発

達をいくつかの段階に区分することが便宜上可能です。そして，それらが人間の成長・発達を理解・分析する有効な手がかりとなることは間違いありません。

　一般的な発達段階の分け方としては，従来から発達心理学で用いられてきた胎生期，新生児期，乳児期，幼児期，児童期，青年期，成人期，老年期という区分があります。この区分方法は，学校制度や社会制度においても受け入れられています。また，代表的な学説としては，ピアジェ（Piaget, J.）の思考（知能）の発達段階や，フロイト（Freud, S.）のリビドー（快感を求める衝動）が向けられる体の部位に基づいた性本能の発達段階などがあります（図表4－1）

　3）発達課題

　発達課題とは，各発達段階で習得・成熟・達成されなければならないとされる課題のことで，社会から期待されている発達の水準であり目標です。ですから，ある発達段階でその課題を達成すると社会的承認を受けることになり，それが自信へとつながり，次の段階の発達課題に取り組む意欲を高めることになります。一方，課題達成に失敗すると社会で認められず，それが劣等感につながり，その後の課題達成を難しくさせます。

　発達課題は，大きく2つに分類することができます。ひとつは，発達課題という概念を初めて提唱したハヴィガースト（Havighurst, R.J.）の理論で，それぞれの発達段階において学習すべき内容があるとする考えです。もうひとつは，それぞれの発達段階において形成・獲得すべき心理的特質があるとするエリクソン（Erikson, E.H.）の理論です（図表4－2）。これらの発達課題を理解することは，それぞれの児童が抱えている問題の発見や介入時期の検討にヒントとなります。

2．家族と児童

　1）家族の変容

　1960年代の高度経済成長以降，日本の家族形態は少しずつ変化してきました。

図表4−1 発達段階

おおよその年齢	一般的な区分		学校制度		ピアジェ		フロイト
					思考の発達		リビドーの発達
受胎	胎児期						口唇期
0	乳児期				感覚運動期		
1							
2	幼児期	前期			前論理的思考段階		肛門期
3							
		後期	幼稚園			前操作期	男根期
6							
7	児童期	前期	小学校	低学年			
9					論理的思考段階	表象的思考期	具体的操作期	潜在期
		後期		高学年			
11							
12							
	青年期	前期	中学校			形式的操作期	
15							
		中期	高校				
18							
		後期	大学				性器期
22							
	成人期	成年前期					
35							
		中年期					
60							
	老年期						

出典）平山諭・鈴木隆男『発達心理学の基礎Ⅰ』ミネルヴァ書房，1995年，pp.65-66をもとに作成

図表4－2　発達課題

おおよその年齢	一般的な区分		ハヴィガースト	エリクソン		
				危機	課題	重要なエージェント
受胎	胎児期					
0						
	乳児期			信頼－不信	基本的信頼（希望）	母親
1			○歩行の学習			
2	幼児期	前期	○固形の食べものをとることの学習 ○話すことの学習 ○大小便の排泄を統御することの学習（排泄習慣の自立） ○性の相違および性の慎みの学習	自律－恥・疑惑	自律性（意志力）	両親
3			○生理的安定の獲得			
4		後期	○社会や事物についての単純な概念形成 ○両親，兄弟および他人に自己を情緒的に結びつけることの学習 ○正・不正を区別することの学習と良心を発達させること	積極性－罪悪感	自主性（目的）	家族
5						
6						
7	児童期	前期	○ふつうのゲーム（ボール遊び，水泳など）に必要な身体的技能の学習 ○成長する生活体としての自己に対する健全な態度の養成 ○同年齢の友だちと仲よくすることの学習 ○男子または女子としての正しい役割の学習 ○読み，書き，計算の基礎的能力を発達させること	勤勉性－劣等感	勤勉性（適格）	学校，近隣
8						
9						
		後期	○日常生活に必要な概念を発達させること ○良心，道徳性，価値の尺度を発達させること（内面的な道徳の支配，道徳律に対する尊敬，合理的判断能力を発達させること） ○人格の独立性を達成すること（自立的な人間形成） ○社会的集団ならびに諸機関に対する態度を発達させること（民主的な社会的態度の発達）			
11						
12						
13	青年期	前期	○同年齢の男女両性との洗練された新しい関係 ○自己の身体構造を理解し，男性または女性としての役割を理解すること ○両親や他のおとなからの情緒的独立	同一性－同一性の混乱	同一性（忠誠）	仲間，仲間外集団
14						
15			○経済的独立に関する自信の確立 ○職業の選択および準備 ○結婚と家庭生活の準備			
16		中期	○市民的資質に必要な知的技能と概念を発達させること（法律，政治機構，経済学，地理学，人間性，あるいは社会制度などの知識，民主主義の問題を処理するために必要な言語と合理的思考を発達させること） ○社会的に責任のある行動を求め，かつ成し遂げること			
17						
18						
		後期	○行動の指針としての価値や論理の体系の学習，適切な科学的世界像と調和した良心的価値の確立（実現しうる価値体系を作る。自己の世界観をもち，他人と調和しつつ自分の価値体系を守る）			
20						

おおよその年齢	一般的な区分		ハヴィガースト	エリクソン		
				危機	課題	重要なエージェント
22 35 60	成人期	成年前期	○配偶者の選択 ○結婚相手との生活の学習 ○家庭生活の出発（第1子をもうけること） ○子どもの養育 ○家庭の管理 ○就職 ○市民的責任の負担（家庭外の社会集団の福祉のために責任を負うこと） ○適切な社会集団の発見	親密性−孤立	親密性（愛）	性愛，友情
		中年期	○おとなとしての市民的社会的責任の達成 ○一定の経済的生活水準の確立と維持 ○10代の子どもたちが信頼できる幸福なおとなになれるよう援護すること ○自分と自分の配偶者をひとりの人間として結びつけること ○中年期の生理的変化を理解し，これに適応すること ○老年の両親への適応	生殖性−停滞	生殖性（英知）	家政，伝統
	老年期		○肉体と健康の衰退に適応すること ○引退と減少した収入に適応すること ○配偶者の死に適応すること ○自分と同年輩の老人たちとあかるい親密な関係を確立すること ○肉体的生活を満足に送れるよう準備態勢を確立する	統合−絶望	統合性	親族，人類

出典）平山諭・鈴木隆男『発達心理学Ｉ ライフサイクル』ミネルヴァ書房，1995年，p.71
高野清純『図でよむ心理学　発達』福村出版，1996年，p.147をもとに作成

　たとえば国勢調査によると，1960年には4.1人だった1世帯（一般世帯）当たりの世帯人数が，1970年には3.4人，1990年に3.0人，2000年には2.7人と縮小しています。2000年の核家族世帯は2,733万，一般世帯総数の58.4％を占める一方，3世代世帯は472万で，一般世帯総数の10.1％でした。

　1960年以降，離婚率は上昇傾向を維持し，2001年には2.3と過去最高を記録しました。2002年と2003年は連続して離婚率が前年より下回ったものの，2003年の離婚率は2.25で，これは28万組に値します。2003年度の全国母子世

帯等調査の結果によると，2003年の母子世帯数は1,225,400世帯で，1998年の調査に比べ，28.3％増加しています。これは全世帯数の2.7％になります。父子家庭も増加しており，1998年調査から6.4％増え，173,800世帯で，全世帯数の0.4％を占めています。ひとり親世帯になった理由をみると，母子家庭でも父子家庭でも離婚によるものが年々増え，2003年には全体の70～80％となっています。また，ひとり親家庭になったときの末子の年齢をみると，母子家庭・父子家庭ともに0～5歳で過半数を超えています。さらに，最近の傾向としては再婚が増加しており，2003年の全婚姻数の再婚割合は，夫が17％，妻が15％でした。

　以上のように，世帯人数の減少や離婚等によるひとり親家族，あるいは再婚家庭の増加など，子どもたちを取り巻く環境は時代の流れとともに変化しています。ひとり親家庭では経済的な課題を，再婚家庭では新しい家族と新たに生活をすることへのストレスを抱えているケースも少なくありません。ソーシャルワーク実践を行う上でクライエントとなる子どもの家庭状況を把握することは，より適切な援助を提供するための不可欠な要素です。

　2）子育てに対する意識

　2004年1月に全国の20歳以上の男女6,886名を対象に行われた「社会意識に関する世論調査」（内閣府）によると，「子育ての辛さの内容」として，39.1％の「子どもの将来の教育にお金がかかること」に次いで，「自分の自由な時間がなくなること」が21.6％を占めています。これについて母親の就業状況別にみてみると，「無職」の母親が66.4％と最も高く，ついで「勤め（常勤）」が60.8％，「自営業・家業・内職」が57.5％，「勤め（パート・アルバイト）」が54.8％でした。また，数値的には低いものの，7.0％が「子どもにどのように接すればよいか分からない」，1.3％が「子ども自体を好きではない」と回答しています。

　自分の時間がなくなることや，子どもとうまく接することができないことからくるストレスは，児童虐待を招く要因になりかねません。こうした虐待親予

備軍に対し，子育てに関する相談を受ける場を設けたり，子育てセミナーなどを実施して子どもとの関わり方を学ぶ機会を提供するなど，虐待を引き起こさないための予防策を講じることが重要です。このような予防的働きかけは，直接援助としての児童虐待ケースへの介入と同様に，重要な間接援助のソーシャルワーク実践です。

3．アダルトチルドレン

　アダルトチルドレン（以下，AC）という言葉は，もともと1980年代初頭にアメリカのアルコール依存症に関する臨床から生まれ，「アルコール依存症の問題を抱えた家族の中で成長したおとな」を意味していました。しかし，日本ではアルコール依存症者が少ないこともあり，「機能不全家族の中で成長したおとな」と概念枠を広げて捉えています。子ども時代に主に親子関係の中で受けた心の傷が癒されないまま成長し，成人してからもその影響による生きるむずかしさに悩んでいるのがACです。

　機能不全家族の形態はさまざまですが，アルコール・薬物・ギャンブル・仕事などの依存症，児童虐待，子どもへの過干渉（過保護），ドメスティックバイオレンス（DV），夫婦間のいちじるしい不和などがあげられます。いずれも親自身が未成熟で不安定な状況にあることが大きく作用しています。

1）アダルトチルドレンとソーシャルワーク

① エンパワメントによる援助

　ACに必要なことは，自分自身を生きづらくしている思考・行動パターンを変えていくことです。そのためにはAC自身の自己肯定観を高めていく必要性がありますが，その方法としてはエンパワメントの手法が有効です。

　人は，社会的に不利な立場におかれ，自分の生活を組み立てていくことが困難になると，自らが抱える生活課題に対処できない無力状態（パワーレス）に陥ってしまうことがあります。このような状況からパワーを回復するための働きかけがエンパワメントです。人は，苦境に対して無力状態に陥る可能性を持

っている一方で，現実に立ち向かい危機を乗り越える強さ（ストレングス）も持ち備えています。エンパワメントによる援助は，そのような人が潜在的に持ち備えている強さに着目し，その強さを引き出していくことで，クライエント自身が問題解決の主体者として積極的に関わる状況を導き出していきます。

　コックス（Cox, E.）とパーソンズ（Parsons, R.）は，エンパワメントによる介入の4つの次元（個人的次元，対人関係的次元，環境および組織的次元，社会政治的次元）を示しました。個人的次元では，ACが自分自身と向き合い，自分の存在価値を見出せるような支援が求められます。ACには経済面などの生活課題を抱えている人も少なくないので，精神的安定のためにも，生活課題を改善するための支援も必要になってきます。対人関係的次元では，ACが自分と同じような問題を抱える人びととの出会い，その人たちとの仲間意識を深めることを通じて，自己と他者の存在価値を認識したり，仲間との間で互いに助け合う相互支援の経験を通じて力（パワー）を得られるように支援していきます。環境および組織的次元では，ACは自分と組織あるいは地域との関係の中で侵害されてきた自らの権利に気づきます。援助者はアドボカシー（代弁，権利擁護）やオンブズマン活動などを通して，クライエントがその権利を適切に主張できるように支援します。社会政治的次元では，クライエントが自分と同じ問題を抱える人たちの権利を社会レベルで獲得していくために，住民運動を組織したり，制度・政策を提言したり，新しい社会資源を構築しようとする動きに対し，コミュニティワークやソーシャルアクションなどを通して支援していきます。

　ACに対しては，まずは個人的次元で，受容・傾聴・共感のスキルを用いながらACをエンパワーし，自己肯定感を高めていく支援を試みます。対人関係的次元においては，ACが集うセルフヘルプ（自助）・グループのファシリテーター（促進者）として，参加者間の仲間意識を高め，相互支援が行われるように働きかけるという援助方法が考えられます。

② セルフヘルプ・グループ

　セルフヘルプ・グループとは，何らかの問題・課題を抱えている本人や家族で構成された当事者グループです。セルフ（self）には自分（I）だけではなく，われわれ（We）も含まれることから，セルフヘルプ（self-help）には，「個人による自助」と「グループメンバーの協同による自助（相互支援）」の2つの意味があると考えられています。セルフヘルプ・グループに参加することを通じて，参加者は自分が抱える問題に共感してくれる仲間と出会い，安心して自分の体験を語ると同時に，他の参加者の多様な生き方に触れ，そこから自分自身が上手く日常生活を送る方法を見出していきます。

　セルフヘルプ・グループは欧米で1930年代から発展し始めました。1950年代後半から1960年代にかけては，市民権運動，公民権運動，草の根運動，反戦，言論の自由などの動きが盛んになった背景の中で，多くのセルフヘルプ・グループが設立されました。中でも代表的なものは，アメリカで1935年に設立されたアルコホリクス・アノニマス（AA：Alcoholics Anonymous）です。アノニマスとは「匿名性」という意味で，グループメンバーが本名を明かさず，あえてニックネームで呼び合うことから，このように名づけられました。アルコール依存・乱用の当事者が体験談や自分について語り合いながら，その日1日を断酒して過ごすことがAAの目的です。現在は日本を含め，世界各国にAAが存在します。

4．ファミリーソーシャルワーク

1）家族機能の変化

　欧米では，家族全体を支援するサービスが発展してきました。それは，欧米社会が個人主義化されているからだと考えられます。しかし日本では，近年まで家族全体を対象とした社会的サービスはほとんど構築されてきませんでした。それには，家族のことは家族内で解決する，あるいは，解決しなければならないという日本古来の慣習が大きく影響し，専門家に家族を支援してもらう

という考え方が馴染まなかったという背景があります。

　しかし，21世紀を迎え，日本の家族機能は大きく変化してきています。3世代・4世代家族や拡大家族が中心であった時代から核家族中心の家族形態にかわり，少子高齢化や女性の社会進出などの時代の変化ともあいまって，従来の機能を家族内で充足することができなくなりました。そこで，その機能の多くを家族外から求める「外部化」が進むようになりました。たとえば共働き家庭においては，以前は同居している祖父母などが子どもの世話をしてくれましたが，核家族が増えた今では，その役割を保育所が担うようになりました。老親の介護も，従来は家庭内で当然のこととして行われていましたが，共働きや高齢化による老老介護問題などによって家族だけでの介護が難しくなり，在宅介護支援や高齢者施設の利用が増えています。

　「外部化」が進んだもうひとつの理由は，近隣住民とのインフォーマルな支援関係の崩壊です。家族内で解決できない問題も，かつては近隣住民のサポートによって解決してきたことも少なくありませんでした。共働き家庭の子どもを親が帰ってくるまで近所の人が預かってくれるという光景がその一例です。ところが，日本でも個人主義の傾向が高まってきたことや，プライバシーの問題などから近隣関係はすっかり希薄化し，インフォーマルな支援関係が成り立たなくなってしまいました。

　このように，家族内の問題に家族外の人間が関わることを敬遠するようになり，家族はますます孤立化する傾向が強まっています。しかし，家族が抱える問題は，家族内だけで解決しきれないことも多々あることは，昔も今も変わりません。そこで最近では，それまで近隣住民が担ってきたインフォーマルなサポートが専門分化され，援助専門職が代わって介入する必要性が出てきました。そうした流れの中，専門的な家族支援として「ファミリーソーシャルワーク」が注目されるようになりました。

2）ファミリーソーシャルワークの必要性

　家族や家庭に対するこれまでの日本の社会福祉援助は，「児童福祉」「高齢者

福祉」「障害者福祉」「公的扶助」と対象者別に展開されてきました。しかし，家族メンバー1人ひとりが抱える問題は，その人個人だけの問題ではなく，少なからず他の家族メンバー1人ひとりに影響を及ぼし，さらには家族全体に対してもなんらかの影響を与えることになります。家族が家族というひとつの集団として機能していくためには，あるいは，家族全体の生活の質をあげていくためには，家族メンバー1人ひとりに対し個々別々に施される支援では不十分です。

　ファミリーソーシャルワークは，個人または家族が抱える問題に対して，家族メンバー全体を対象に働きかけ，家族を取り巻く社会資源を活用しながら，問題解決に向けて支援・援助を行う専門的活動です。つまり，家族メンバーを個別に考えるのではなく，家族全体（family as a whole）としてとらえ，地域を基盤とした支援体制を整えながら，家族がひとつの集団として機能していくためのサポートを行っていきます。

　2004年に厚生労働省は，児童養護施設，児童自立支援施設，情緒障害児短期治療施設等に家庭支援専門相談員（ファミリーソーシャルワーカー）の配置を計画・予算化しました。これは児童虐待防止策のひとつで，施設に入所している児童の家族との調整を図るなど早期家庭復帰に向けた働きが期待されています。また，児童の施設入所前あるいは退所後のケアも重要な仕事のひとつになります。

　東京都児童福祉審議会は，ファミリーソーシャルワーク実践には，ケースマネジメント，アフターケア，スーパービジョン，アセスメント，コンサルテーション，トリートメントの技術などが必要であると指摘しています。

5．児童健全育成

1）児童健全育成の概要

　戦前の児童福祉は，貧困，虐待，非行，母子家庭，妊産婦等による要保護児童への援助を意味していましたが，第2次世界大戦後に制定された児童福祉法

では，すべての児童の健全育成が児童福祉の全体目標となりました。児童福祉法第１条には，「児童が心身ともに健やかに生まれ，且つ，育成されるよう努めなければならない」とあります。その理念をもとに発展したのが，すべての児童をより健全に育成しようという「児童健全育成」の概念で，「すべての子どもについて身体的，精神的，社会的に良好な状態が確保され，１人ひとりの個性化が図られ，自己実現が得られていること」が健全育成の目指すところです。

児童健全育成の内容や方法には，① 児童の全面的な発達を積極的に保障すること，② 児童を心身ともに健やかに育成すること，それ自体が，保護者や国等の行為の目標であり，他の何者かのための手段ではないこと，③ 個人の全人的な成長発達のために，児童の生活環境条件の整備・改善を行うこと，④ 自発的で感動，ゆとり，喜びをともなう行動（＝遊び）を重視すること，の４つの特徴があります。

では，児童健全育成は具体的にどのように実施されているのでしょうか。国が実施している児童健全育成施策は，① 各種相談援助業務，児童手当制度等（児童が家庭において保護者の温かい愛情と保護の下に養育されるための家庭づくりの支援），② 児童厚生施設（児童館，児童遊園等）の設置・運営，放課後児童健全育成事業，地域組織活動等（児童の生活の大半を占める遊びの環境づくりと，地域における児童の育成に関する相互協力の活動への援助），③ 児童福祉文化財普及事業，児童の居場所づくり事業等（豊かで楽しい遊びを体験させるための活動への直接的な援助），の３領域に分けられます。また，都道府県や市町村においても，児童の健全育成のための独自の事業を展開しています。

２）児童健全育成対策の関係機関

① 児童福祉審議会

児童福祉審議会は，児童，妊産婦および知的障害者の福祉に関する事項を調査審議するための諮問機関です。都道府県知事などから諮問を受けた事項だけ

でなく，自ら問題を調査審議し，行政機関に意見を具申することができます。また，都道府県児童福祉審議会は，芸能，出版物，玩具，遊戯等を推薦したり，それらを制作・販売する者などに対し，必要な勧告を行うことができます。

② 保健所

健全育成に関連する保健所の業務には，㋐ 児童や妊産婦の保健についての正しい衛生知識の普及，㋑ 児童や妊産婦の健康相談，健康診断，保健指導，㋒ 身体に障害のある児童や疾病による長期療養を必要とする児童の療育指導，㋓ 児童福祉施設に対する栄養の改善やその他衛生に関する助言，㋔ 母子保健に関する助言，があります。

③ 児童家庭支援センター

児童家庭支援センターは，地域の児童の福祉に関するさまざまな問題に対し，地域に密着した細やかな相談・支援体制を整えるために，1997（平成9）年の児童福祉法改正により創設されました。乳児院，母子生活支援施設，児童養護施設等の児童福祉施設に附設することとされています。

この他にも，児童相談所や福祉事務所（家庭児童相談室），児童委員や主任児童委員などが児童健全育成対策に関わります。

育児不安や児童虐待，貧困，いじめ，不登校，少年非行など，子どもやその家庭が抱える問題はますます深刻化していますが，その要因にはさまざまなことが絡み合っているため，これらの各種関係機関・団体の協力・連携なしでは改善・解決が難しいのが現状です。児童の健全育成のためには，関係諸機関・団体による地域ネットワークの構築が望まれます。

3）スクールソーシャルワーク

スクールソーシャルワークとは，人と環境の相互作用に着眼したエコロジカルな視点を基礎理論として，子どもたちが学び成長する権利を守るために，子どもたちを取り巻く環境を調整・整備するソーシャルワーク実践です。子どもたちが直面している問題を，単に個人の資質や，教育や医療などの一側面からとらえるのではなく，子どもたちを取り巻く環境との関係の中からとらえ，そ

の生活全体の質を高めていくことで，問題の改善を試みようとします。

　スクールソーシャルワーカーの仕事は，クライエントとなる子どもやその家族などに直接関わるケースワーク的なものだけではなく，直接援助をより円滑に行うためのネットワークづくりや社会資源の構築などさまざまです。また，すでに表面化している問題に介入することだけではなく，問題が起きない環境をつくるという予防の視点も必要です。PTAや地域住民と協力しながら，学校はもちろんのこと，学校以外の場においても，子どもたちが健全に成長できる環境づくりに積極的に関わっていくことは，スクールソーシャルワーカーの重要な役割のひとつといえるでしょう。

　スクールソーシャルワーク発祥の地であるアメリカでは，すでに100年以上の歴史があり，1万人以上のスクールソーシャルワーカーが教育機関や民間団体に属して活動しています。日本でスクールソーシャルワーク実践が始まったのは1980年代中盤からで，最近になってようやくその必要性が認められるようになり，行政や私立学校がスクールソーシャルワーカーを雇用するケースが少しずつ増えています。

6．児童福祉現場でのソーシャルワーク

1）児童福祉施設の種類

　児童福祉法に定められた児童福祉施設には，助産施設，乳児院，母子生活支援施設，保育所，児童厚生施設，児童養護施設，知的障害児施設，知的障害児通園施設，盲ろうあ児施設，肢体不自由児施設，重症心身障害児施設，情緒障害児短期治療施設，児童自立支援施設，児童家庭支援センターの14種類があります。

　児童家庭支援センターは，1997年の児童福祉法の改正により児童福祉施設（乳児院，母子生活支援施設，児童養護施設，情緒障害児短期治療施設，児童自立支援施設）に創立されることになりました。地域の子どもたちやその家庭の福祉を向上するための指導・相談の窓口になることが，同センター創設の目

的です。

　2005年度4月現在で，保育所は22,570ヵ所あり，利用児童数は1,993,684人にのぼります。これを前年の同月と比較すると，80ヵ所，26,755人（1.4%）増加したことになります。近年の女性の社会進出にともない，1995年以降，保育所の利用は増え続けています。保育所では就労する母親に代わり，児童たちが健全に成長するための保育等を行いますが，それと同時に，虐待やその他理由による要保護児童の早期発見の場としての機能もあります。

　上記のほかにも，児童相談所や福祉事務所（家庭児童相談室）などでも児童の福祉を守るための活動が行われていますが，ここでは児童養護施設でのソーシャルワークについて考えていきましょう。

2）児童養護施設とソーシャルワーク実践

① 児童養護施設の現状

　1997年の児童福祉法の改正は，児童への援助の基本理念を「保護救済」から「自立支援」と改めました。この法律を受け，社会的な立場から子育てが行われる児童福祉施設では，施設職員は子どもたちの日常生活に寄り添い，年齢に応じた「生活の自立」に向けた支援を行っています。また，この法改正では，児童養護施設等に「家庭環境の調整」を新たに義務づけたことから，施設職員は児童の家庭復帰に向け，家族関係の改善のための働きかけも行うことになっています。

　施設職員の職務は入所児童の"今"の生活をサポートすることだけではなく，彼らの"これから"を視野に入れた広範なものになります。ですから，たとえ子どもたちの生活が施設中心であったとしても，エコロジカルな視点に基づいたソーシャルワーク援助が有効です。

② エコロジカルな視点

　エコロジカルな視点では，人が抱える問題は単に個人的な問題ではなく，社会環境との相互作用から起きるものであると考えます。ですから，問題をその人を取り巻く環境全体との関連性の中から解釈し，相互作用に不具合が生じて

いる現象を改善していくことで，問題の解決・改善を試みます。

③ 生活場面での相談援助

さまざまな理由により親元を離れて施設でくらす入所児童たちは，少なからず傷つき，不安や悩み，孤独感を抱えています。一方では，新しい生活環境に期待を寄せ，施設での生活に適応しようとする思いもあるでしょう。そのような児童たちに対し，相談援助を行うことは非常に重要です。しかし，わざわざ構造化した面接室を用いて行う相談援助は，生活の場である施設においては必ずしも馴染む方法ではありません。

施設生活にうまく相談援助を組み込んでいく有効な方法に，レドル（Redl, F.）の「生活場面面接」があります。生活場面面接は，従来のような面接室を使わず，日常生活における「立ち話」や「ちょっとした声かけ」などの普通の会話場面などを通して支援過程の構築を試みます。入所児童の複雑な心理・情緒的側面を理解し，生活場面面接を活用しながら意図的な声かけを行うことは，施設が子どもたちにとって安心して生活できる環境であるためにも不可欠な働きかけであるといえます。

④ 自立支援

「児童養護施設入所児童等調査」（厚生労働省）によると，児童養護施設に入所した児童の56.5％が社会的自立に至るまで施設で生活しています。つまり，原則としては入所児童の家庭復帰を目指していても，実際には半数以上の入所児童の家庭復帰が叶わず，18歳まで施設でくらし，その後家庭にもどらず社会で自立生活を送っているということです。

全国養護施設高校生交流会の報告書によると，社会的自立を控えた中学生・高校生たちは，① 人間関係，② 経済面，③ 社会生活の諸手続き，④ 職業選択，⑤ 食生活などに関する不安を多く抱えています。施設職員はこの事実を踏まえ，施設から社会的自立を余儀なくされた児童については，施設を退所してからも，生活課題や精神的なサポートなどの継続的支援を行っていく必要があります。

7．虐待通報システム

　児童虐待件数が年々増加する中で，早期発見・早期対応のためのネットワークづくりが必要視されています。ネットワークを形成し機能させていくためにはコーディネーター役が必要ですが，今の日本ではその役割を担える機関は児童相談所となるでしょう。しかし，児童相談所が全国に208ヵ所（2005年4月1日現在）しかない現状では，児童相談所が中心となって各市町村レベルでのネットワークを構築していくことは非常にむずかしいことです。

　欧米諸国と比較しても，児童虐待に対する日本の対応は非常に遅れていると言わざるを得ません。たとえば，アメリカではCPS（Child Protective Services）と呼ばれる子ども保護機関があり，子ども一般人口2,500人に対して1人の割合でソーシャルワーカーが，ドイツに至っては900人に1人の割合で日本の児童福祉司に近い役割を担うワーカーが配置されています。それに対して日本では子ども1万数千人に1人という桁違いの少なさです。

　ここでは，今後の日本の虐待対応のあり方を考えるべく，アメリカの児童虐待対応について紹介していきます。

1）児童保護機関（CPS）

　アメリカでは早くから児童虐待の通告が義務づけられており，虐待もしくは虐待の疑いが発覚すると，児童保護機関もしくは警察に通告されます。通告のほとんどは専門家（医師，保育士，教員，ソーシャルワーカーなど）によるものです。

　アメリカの虐待対応には，デュープロセス（法の適性手続き）による時間的制限が設けられています。実際にどのような時間制限が行われているかは，図表4-3のカリフォルニア州の虐待対応の流れを参照してください。

　デュープロセス以外にも，アメリカの虐待対応では，裁判所に係属中は親権が一時停止されたり，裁判所が親に処遇を法的に命令することができることなどの特徴があります。

図表 4 − 3　虐待の通報から対応の流れ（カリフォルニア州サンフランシスコ市・郡の場合）

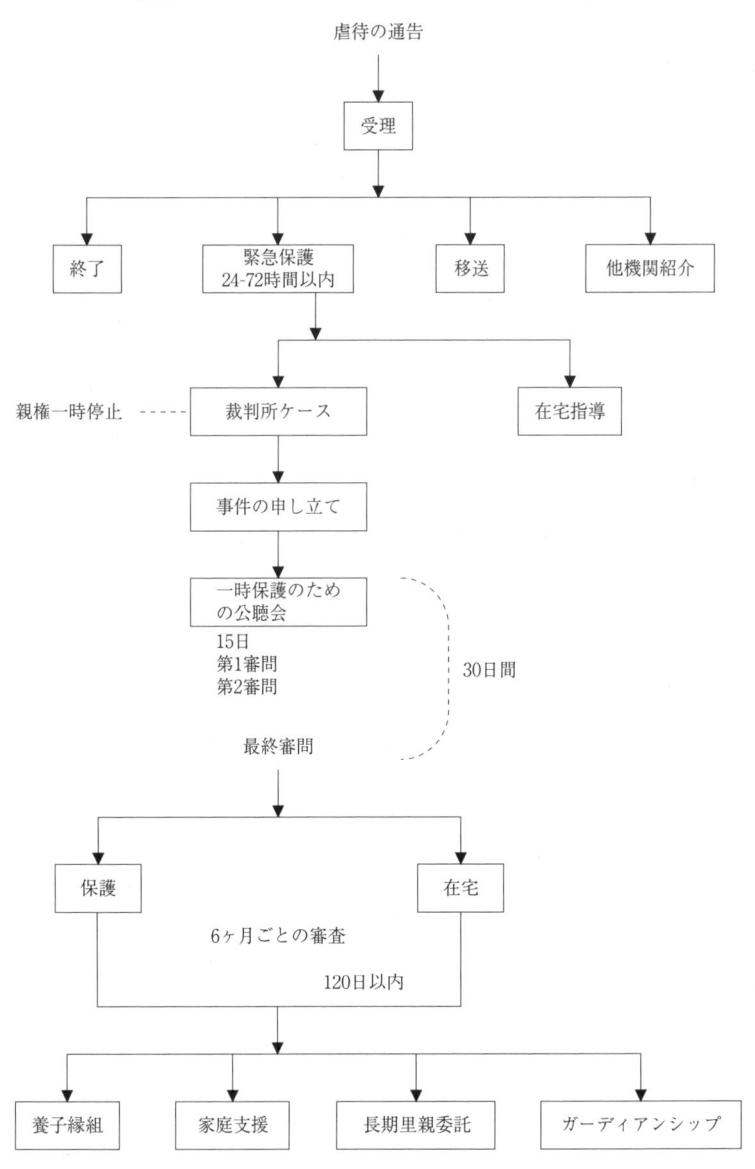

```
                        虐待の通告
                           │
                           ▼
                         ┌────┐
                         │受理│
                         └────┘
         ┌──────────┬─────┴─────┬──────────┐
         ▼          ▼           ▼          ▼
      ┌────┐  ┌──────────┐  ┌────┐   ┌──────────┐
      │終了│  │緊急保護   │  │移送│   │他機関紹介│
      └────┘  │24-72時間以内│ └────┘   └──────────┘
              └──────────┘
                    │
              ┌─────┴─────┐
              ▼           ▼
  親権一時停止 ──→ ┌──────────┐   ┌──────┐
                  │裁判所ケース│   │在宅指導│
                  └──────────┘   └──────┘
                     │
                     ▼
                  ┌──────────┐
                  │事件の申し立て│
                  └──────────┘
                     │
                     ▼
                  ┌──────────┐
                  │一時保護のため│
                  │の公聴会    │
                  │15日        │   ⎫
                  │第1審問     │   ⎬ 30日間
                  │第2審問     │   ⎭
                  └──────────┘
                     │
                     ▼
                   最終審問
              ┌─────┴─────┐
              ▼           ▼
           ┌────┐      ┌────┐
           │保護│      │在宅│
           └────┘      └────┘
           6ヶ月ごとの審査
           120日以内
                │
     ┌─────┬──┴───┬─────────┐
     ▼     ▼      ▼         ▼
  ┌──────┐┌──────┐┌──────────┐┌──────────────┐
  │養子縁組││家庭支援││長期里親委託││ガーディアンシップ│
  └──────┘└──────┘└──────────┘└──────────────┘
```

出典）加藤曜子『児童虐待リスクアセスメント』中央法規, 2001年, p. 31

2) 院内虐待対応チーム

アメリカでは多くの小児病院が虐待対応チームを備えています。虐待対応チームには，医師，看護師，ソーシャルワーカー，カウンセラー，警察官，検事などの各方面のスペシャリストが属しており，チームで虐待ケースを検証していきます。被虐待児の身体的・精神的ケアはもちろんのこと，虐待親へのサポートも同時に行っていきます。

児童虐待問題には医療的なケア，精神的なケア，福祉的な（生活を支える）ケア，法的処遇など，さまざまなことが絡んできます。虐待家庭の生活の質を高めていくためには，このような多方面からのサポートが不可欠です。また，これらのサポートがバラバラに提供されるのではなく，ひとつのチームとして提供されることに大きな意味があります。それぞれの専門スタッフが個々バラバラの思いで働きかけるのではなく，共通の目標をもち，その目標を達成するために必要な援助を提供していくことで，援助される側を混乱させることなく，能率のよいサポートを行うことができます。

日本でもいくつかの病院が虐待対応チームを持ち始めていますが，アメリカほどの豊富なスタッフを揃えることはむずかしいのが現状で，今後の課題でもあります。

8．障がい児とソーシャルワーク

> ### ☕ 障害か，障碍か，障がいか
>
> 「しょうがい」という言葉は，法律的には，「障害」という言葉が使われています。
> この障害は，機能の障害で妨げになるという意味が含まれ，「害」という文字は「災害」「有害」「害虫」等と使われています。援助団体や自治体によって「障碍」の文字を使い，「妨げられ，不便である」という意味で使われます。最近ではどちらも適切でないと「障がい」と意識的に書く人が増えています。ただし法律名は国会の審議を経ないと変えられません。ex：ここでは以下，「障がい」と表記します。

1）障がい児の理解の仕方

① 「障がい」の概念

障がい児にとっての障がいは，その障がいの内容を早期に発見し，早期に支援していくことが必要であります。ことに乳幼児にとっては自己の障がいについて認識できず，ましてやそのニーズを主張することができません。そこにはアドボカシー（権利擁護）を適切に把握し，その支援に当たるアドボケイト（権利擁護者）の存在が重要です。障害のレベルについては，世界保健機構によると疾病，機能障害，能力障害，社会的不利益に分類されています。日本における障害児に対する福祉施策としては，これまでは障害者基本法（1970年），身体障害者福祉法（1949年），知的障害者福祉法（1960年），精神保健および精神障害者福祉に関する法律（1995年）があり，これらの法律との兼ね合いで児童福祉法により，福祉施策が行われています。

② 発達障がい

障がい児の福祉を考える時，周産期に関わる障がい，及び発達に関わる障がいをどのように支援していくか重要な要素です。特に発達障がいについては2004（平成16）年施行の発達障害者支援法により「発達障がい」として18歳未満の自閉症，アスペルガー症候群，児童期崩壊性障害，その他の広汎性発達障害，学習障害，注意欠陥多動性障害，その他これに類する脳機能障害の児童に対しての支援が加えられました。

これらの障がいは対象をさらに具体的に細分して世界保健機構（WHO）のICF（国際生活機能分類）によると機能・形態障害，能力障害・能力低下，社会的不利があり，生活機能と障がいでは，その構成要素として心身機能と身体機能の障がい及び活動と参加への障がいと分類しています。活動と参加の障がい要素としては，① 学習と知識の応用，② 一般的な課題要求，③ コミュニケーション，④ 運動・移動，⑤ セルフケア，⑥ 家庭生活，⑦対人関係，⑧ 主要な生活領域，⑨ コミュニティライフ・社会生活・市民生活をあげ，心身機能は8項目，身体構造は8項目を挙げています[1]。

2）障がい児の福祉施策

　児童福祉法では，障がい児に対して療育の指導等（第19条），育成医療の給付，指定育成医療機関（第20条），補装具（第21条の六）の福祉施策が明記されており，入所・通所施設としては，児童養護施設（第41条），知的障害児施設（第42条），知的障害児通園施設（第43条），盲ろうあ施設（第43条の二），肢体不自由児施設（第43条の三），重症心身障害児施設（第43条の四），情緒障害児短期治療施設（第43条の五），児童自立支援施設（第44条），児童家庭支援センター（第44条の二）があります。

　その他にも地域自体によってホームヘルパーの派遣，ショートステイ等地域領域支援事業が進んでいます。

　しかし児童福祉で重要なことは，予防と早期発見，早期治療であることはいうまでもありません。現在では新生児スクリーニングテストで6つの先天性代謝異常を発見できます。さらに1歳6ヵ月，3歳児健診で多くの障がいの可能性を発見し，療育を支援し始めています。

　これらの児童福祉施設へ措置された同じ障がいの児童が施設の種類によって異なった支援を受けている現状があり，それぞれの異なった種類での施設の支援，療育システムの特徴を生かす互いの専門性の連携が必要とされています。

3）障がい児の福祉施策への視点

① 障がい児に対する意識の転換

　　いまだに障がい児に対する意識が「弱者」の下に保護，指導する関係が強く，管理，隔離意識が根強く残っています。人権意識への取り組みが必要であり，障がい児との出会いから多くのことを学び，助けられているというインクルージョン（相互性の総合）の理解が必要です。

② 障がい児主体の福祉支援システムは自治体によって大きく異なっています。その自治体の障がい児福祉については熱心な行政指導，施設，NPO，団体などのリーダーシップが大きく影響しています。そこで障がい児福祉観の構築から支援システムへの視点が必要です。

③ 障がい児支援の内容と質の向上のために障がい児の個性による支援の多様化をどのように考えるかの視点が必要です。

④ 障がい児が地域社会へどのくらい参加し，また地域社会にどう貢献しているかの視点が必要です。

4）障がい児への新たな取り組みについて

① 第三者評価

　　障がい児に対する児童福祉施設に対しての第三者評価は，1998（平成10）年の児童福祉法の改正によって地域住民に対する情報提供に関する努力義務の規定及び2000（平成12）年の社会福祉法第78条の福祉サービス評価にかかわる努力義務規定によって障がい児への援助サービスの向上にかかわる取り組みを促進することにあります。二番目に障がい児が自分の受けている支援内容を把握できるようにすることです。

② アドボカシーの拡大と実現

　　アドボカシーの役割をこれまでの概念に加えて以下の取り組みによって拡大していきます。障がい児が無差別・平等の権利を確実に有すること。また，障がい児の，帰属意識の尊重と満足，個別的ニーズの表明と実現，他との互酬的関係性，意思決定の実現または尊重，夢や不安などの意見表明権の実現，教育を受ける権利の完全保障，社会への積極的参加と貢献等へむけて，代弁的機能の取り組みが必要です。

5）障がい児へのソーシャルワークの取り組みの課題

① ノーマライゼーションからインクルージョンへ

　　スウェーデンのニィリエ，B.によってその考えが世界的に広められたと言われるノーマライゼーションとは，障がい児が特に努力しなくても健常児と同じ社会参加ができる地域社会を作るということであり，そこでは障がい児を差別しないで共に生きることです。1995（平成7）年の政府による「障がい者プラン－ノーマライゼーション－7カ年戦略」ではおとなも子どもも障害者も健常者もひとつの社会を目指して障害者基本計画を策定

> ### ☕ スクールソーシャルワーカー・スクールカウンセラー
>
> 　学校教育現場に福祉の視点を導入する立場からスクールソーシャルワークがアメリカで発展してきました。対象者は，子どもたちばかりでなく，家族，学校関係者を含み，カウンセリングに留まらず子どもの抱えている全ての問題に対して，時には家庭，地域に出かけ環境調整し，子どもたちの負担を少なくし，解決を図ろうとするものです。これに対してスクールカウンセラーは日本では当時の文部省が研究委託事業として1995年に全国の公立小・中・高等学校に配置をはじめました。このスクールカウンセラーはあくまで学校に配置し，カウンセリングまたはコンサルティングによって子どもたち及び保護者，教師の抱えている問題の軽減，解決を図ろうとするものである。

し，各自治体は障がい者も基本計画策定に参加するように促しましたが，実際には障がい児は全く蚊帳の外でした。これに対してインクルージョンは，統合教育としてのインテグレーションからすべての障がい者が地域社会の学校へ就学できるようにする教育権の保障でしたが，障がい児のこのニーズに合わせてすべてを包み込むという意味でインクルージョンがとりいれられ，さらにソーシャルインクルージョンとして健常児も障がい児から積極的に学び，支援を受けるという意味でインクルージョンの概念を拡大していく必要があります。

② 　個人の尊厳としてふさわしい支援と人権の保障，特に「子どもの権利に関する条約」第12条に記されている「意見表明権」を確保することがどのように可能でしょうか。特に自分の意見を形成する能力をまだ獲得していない年齢の児童，及び障がいのため意見表明ができない児童のニーズをどう表現させていくかが問われています。もちろん先に述べたアドボケイトや未成年後見人[2]の役割は重要ですが，これらは障がい児の心やニーズを理解し，何を支援すべきかなどを判断すべき専門家としては不十分であるといえます。

注）
1）「生活機能分類－国際障害分類改訂版―」厚生労働省ホームページを参照
2）アドボケイトの役割は，障害児のニーズの発見，調整，援助，対決，改良であり，未成年後見人の役割は，親権を行う者がいない時，また親権を行う者が管理権を有しないときの法定代理人となります。

参考文献
- 相澤譲治・栗山直子『家族福祉論：全体としての家族へのサポート』勁草書房，2002年
- 大坂譲治・北川清一・花村春樹監修『大学生と市民のための社会福祉講座⑤児童福祉』中央法規，1990年
- 加藤曜子『児童虐待リスクアセスメント』中央法規，2001年
- 川端啓之・萱村俊哉・後藤晶子・杉野欽吾・余部千津子『ライフサイクルからみた発達臨床心理学』ナカニシヤ出版，1995年
- 川村隆彦『価値と倫理を根底に置いたソーシャルワーク演習』中央法規，2002年
- 川村隆彦『事例と演習を通して学ぶソーシャルワーク』中央法規，2003年
- 北川清一編著『児童福祉施設と実践方法：養護原理とソーシャルワーク』中央法規，2005年
- L.M. グティエーレス・E.O. コックス・R.J. パーソンズ編著，小松源助監訳『ソーシャルワーク実践におけるエンパワメント：その理論と実践の論考集』相川書房，2000年
- 久保紘章・石川到覚『セルフヘルプ・グループの理論と展開』中央法規，1998年
- 黒木保博・倉石哲也・山辺朗子『ソーシャルワーク』中央法規，2002年
- 小嶋秀夫・三宅和夫『発達心理学』大蔵省印刷局，1998年
- 才村純・高橋重宏・山縣文治『子ども家庭福祉とソーシャルワーク〔第2版〕』有斐閣，2005年
- 児童手当制度研究会・厚生省児童家庭育成課『児童健全育成ハンドブック』中央法規，2005年
- 鈴木隆男・平山論『発達心理学の基礎Ⅰライフサイクル』ミネルヴァ書房，1993年
- 1989年全国養護施設高校生会議設立準備会『第2回全国養護施設高校生交流会美深大会報告書』全国養護施設高校生会議設立準備会，1989年
- 谷口泰史『エコロジカル・ソーシャルワークの理論と実践―子ども家庭福祉の臨床から』ミネルヴァ書房，2003年
- （ア）石渡和実『障害者問題の基礎知識』明石書店，1997年
- （イ）茂木俊彦ほか編『障害児教育大事典』旬報社，1997年
- （ウ）丸山一郎『障害者施策の発展』中央法規，1998年

第2部　児童福祉の事例研究

第5章　事例研究

❶ ソーシャルアクションの試みとしての保育者支援
―巡回相談型健康診査の発展可能性（保育所事例）―

1）児童福祉サービスとしての母子保健法：健康診査の動向

　母子保健法は，1965年（昭和40年）に制定され，以来，児童福祉サービスの供給体制を支える一翼となっています。この法律は，『母性並びに乳児および幼児の健康の保持および増進を図るために，母子保健に関する原理を明らかにするとともに，母性並びに乳児および幼児に対する保健指導，健康診査，医務その他の措置を講じ，もって国民保健の向上に寄与することを目的とする』として定められました。本事例報告においては，母子保健法に基づいて行われてきた乳幼児に対する健康診査の新たな取り組みから，ソーシャルアクション的な取り組みの視点を取り上げてみたいと思います。

　地方自治体によっても多少，異なりますが，1965年以来，乳幼児を対象に，乳児健診，1歳6ヵ月健診，3歳児健診といった健康診査が行われてきました。それによって，乳児および幼児の心身の健康の保持増進，病気や障害の予防に対する取り組みが地域ぐるみでなされてきた歴史があるのです。しかし，近年，特に軽度発達障害児の生活場面での生きにくさの問題が表面化するとともに，通常の1歳6ヵ月健診，3歳児健診では，それらの子どもたちを見落としてしまいやすいという指摘がされるようになってきました。また，子育て世代の若い保護者の共働きの増加などによって，少子化を巡る療育と療育環境の問題もまた，大きく取り上げられるようになっています。そのような現状に鑑み，従来の健康診査では発見しにくい軽度発達障害児の早期発見と二次障害の予防の観点，子育て支援に対する保護者への援助の視点から，5歳児への健康診査という取り組みが試行されるようになりました。

2）T県における5歳児健康診査の取り組みの概要について

T県においては，2004年度，2005年度の県のモデル事業として，T県内の5歳児を対象にした5歳児健診を行ってきました。実施の概要は，以下の通りです。

> **モデル事業の実施主体**：T県（広域健康福祉センター）
> **協力機関等**：市町村・保育所・幼稚園・（保育所および幼稚園の嘱託医）
> **モデル施設**：広域健康福祉センターごとに，管内保育所・幼稚園から毎年10施設をモデル施設として選定する。
> **対象**：モデル施設在籍の年中児童。
> **健康診査の場所**：モデル施設（保育園，幼稚園）
> **従事者**：保育士・教諭，心理判定員，作業療法士，言語聴覚士，市町村保健師，県健康福祉センター保健師等とする。
> **健康診査の目的**：3歳児健診までに発見されにくい高機能自閉症等の発達障害児について，就学までの期間のできるだけ早い時期に発見するとともに，適切な療育の提供や保護者の障害受容のための支援を行うことにより，児童の不適応反応や二次的障害を予防することが求められる。そこで，保育所等における定期健康診断日を活用し，発達に問題のある児童を対象に発達相談を試行的に実施することにより，よりよい実施方法や内容の検討，検証を行うことを目的として，この事業を実施する。

実施概要からもわかるように，従来の健康診査は，健康福祉センターという健康診査のみを目的とし，対象児を生活の場から抽出する形式でした。しかし，本事業の場合，子どもたちが生活する施設（保育所，幼稚園）に出むくという巡回相談型の新たな形式を採用したのです。また，これによって，健康診査に関わる職種が，従来は，医療および保健従事者が主体でしたが，この形式の導入によって，従事者が，保育士・教諭，心理判定員，市町村保健師，県健康福祉センター保健師（場合によっては養護学校特別支援コーディネーター，

作業療法士，言語聴覚士等）など，多職種が協力して当たることとなったのです。健康診査の形式の点で，注目すべき変化が見られたことは特筆すべきことと思われます。

3）巡回相談型の5歳児健康診査の実施によって顕在化した視点

すでに2）において，巡回相談型の健康診査の導入によって，健康診査実施

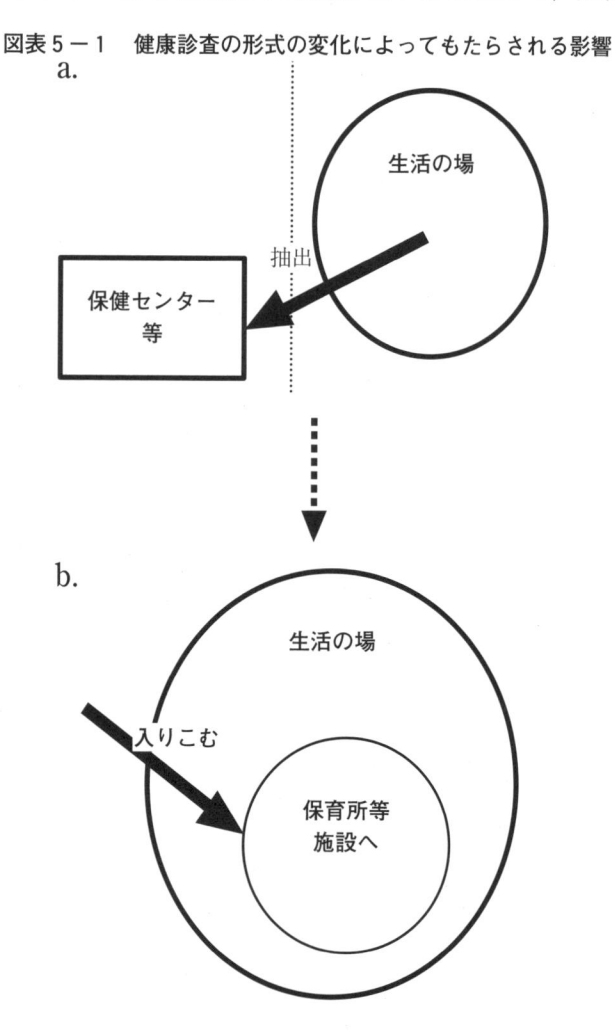

図表5－1　健康診査の形式の変化によってもたらされる影響

a.

生活の場

抽出

保健センター等

b.

生活の場

入りこむ

保育所等施設へ

の形式が変化することについては述べました。ここでは、その変化によって実際に、健診内容にどのような影響が生じるのかを明確にしておきたいと思います。図表5－1は、健康診査実施の形式の変化を模式的に表したものです。

　a.は1歳6ヵ月児健診あるいは3歳児健診など従来の健康診査（以降、健診と省略して記す）で行われていた形式です。子どもの生活の場には、生活の場における文脈が存在します。しかし、従来の健診の場合は、生活の場から抽出するために、子どもの生活の場で生じている文脈については無視し、健診の目的を遂行するために効率のよい課題を提示していました。たとえば、1歳6ヵ月児健診では、運動発達を中心とした課題を、3歳児健診では、認知発達というように重要となる課題を子どもの発達水準を加味して準備するなどです。このようなシステムの確立によって各地域で対象となる子ども全員を効率よくスクリーニングしてきたのです。

　ところが、軽度発達障害の子どもたちの問題がクローズアップされ、この健診形式では軽度発達障害の子どもたちが見落とされてしまうことが指摘されるようになって、b.の視点での健診の取り組みがなされるようになってきました。

　b.の場合、子どもの生活の場に、健診スタッフが入り込みます。従って、a.と大きく異なる点は、子どもの日常の生活の文脈が健診に影響する。つまり、子どもの日常という文脈を健診に含むことの意義と意味が問われることになるのです。また、生活の場の主導権を握るのは、そこで活動を営む子どもと保育

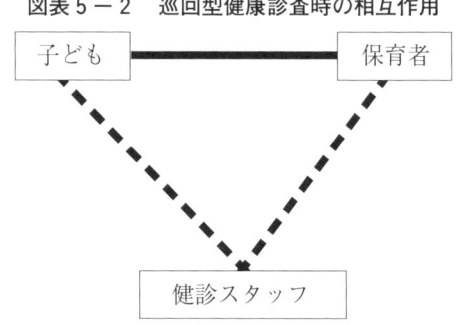

図表5－2　巡回型健康診査時の相互作用

者であるため、健診スタッフは、その場では観察者としての位置づけとなります。この結果、生活の場での保育者と子どもの相互作用の関係に、新たに健診スタッフが媒介するような形が必然的に生じることとなりました（図表5－2）。この新たな視点が保育園や幼稚園など子どもの生活の場に入り込むことによって生じる強みと弱みは、未だ明確にされてはいないと思われます。

4）T県における巡回相談型健康診査の実際

巡回相談型健康診査の流れは、図表5－3に示しています。筆者は、心理判定員（健診スタッフ）として、2．の部分を他の健診スタッフとともに担当しました。2．の巡回相談は、1日で観察、保護者相談、カンファレンスが行われるかなりきついスケジュールでしたが、確かに従来の健診ではなかなか発見が困難な軽度発達障害と疑われる子どもが発見しやすい、ということが実感できるものでした。しかし、反面、各施設（保育所および幼稚園）での事業終了後のスタッフ間ミーティングにおいて、筆者が実感したことは、ほとんどの施設において保育者に、何かしらの不満が残っているという感じでした。その不満が、「今日はおりこうでしたが…、いつもは…」、「保護者に対してもっとはっきりと問題を告げてほしい…」、「他機関への紹介をしてほしい…」などの声として生じてくるように思えたのです。

3）で記述したように、新たな健診システムの導入によって、変化が余儀な

図表5－3　巡回型健康診査の流れ

1．事前準備（第1次スクリーニング）
　相談票配布
　要観察児のピックアップ・母親の相談希望者の把握

2．巡回相談（第2次スクリーニング）
　保育観察
　保護者相談
　スタッフカンファレンス

3．事後
　保護者への事後説明
　必要に応じて療育・相談機関の紹介

くされる部分，そしてその変化によって子どもに関わる保育者に実際に認知される事柄がどのようなことであるのか。この点を明らかにしない限り，軽度発達障害児等への福祉的な支援は充実していかないと考えられました。そこで，健康診査という制度を生かしつつ，また，より発展的拡張的な福祉支援を実現していけるのかを検証する試みとして，ひとつの実践を行ったのでここに事例として報告したいと思います。

実践報告

目的

　子どもの生活の場のひとつである保育所に，発達の専門家（心理）が定期的に子どもの観察と現場の保育士との対話を深めるために出向く機会を設定します。このことで，子ども－保育者間の相互作用の文脈に図表5－2のような影響をあらかじめ作り出します。この状況の初期に保育者，および発達の専門家に生じるであろう最初の認識のズレ（違和感）は，対話の継続によってどのような変化を生じさせるのか，あるいは，変化は生じないのかを明らかにしていくことを狙いとしました。この検討によって巡回相談型健康診査のひとつの発展可能性を検討していくことを目的としました。

方法

① **協力保育所**　T県NS市，S保育所　なお，S保育所は，積極的に障害児を受け入れ，統合保育の試みを行っている園です。

② **対象**　保育士，保育所所長（保育士）　12名

③ **期間**　2004年12月～，月1回実施

④ **話し合いの運営方法に関して**　初回，参加保育士および所長で，どのような運営方針でいけば，自らの保育の参考になるかを話し合い，運営の方向性を決めます。その際，心理判定員として参加した筆者は，同席し司会の役割をします。話し合いの結果，今，園で特に気になっている子ども，

2歳児クラス1名と年中クラス1名の各2名について、毎回の継続ケースとし、その他の気になるケースが保育士に生じた場合は、その都度、資料を準備し話し合いの議題とすることになりました。心理担当者は、午前の保育場面に保育士と共に参加し観察します。午後、子どもたちのお昼寝の時間、1時30分から3時までを利用して、気になる子どもの話し合いの場がもたれることとなりました。

本報告は、12月から行ってきた4回の話し合いに関して、保育士がどのような気持ちの変化を体験したのかについて自由に記述してもらった記述資料をもとに纏めることとしました。

結果

図表5-4は、実際に保育者が記述してくれた資料をまとめたものです。このような記述資料から、次のような保育士の気になる子どもたちに対する気持ちが明らかになりました。

実際に自分が受け持っている子どもについて話し合うため、「具体的な対応のし方が理解できるようになった」、ということがほとんどの記述に含まれていました。その言語記述の中には、「悩みながら対応を続けてきた」、「不安であった」という言動が付け加えられているものが多くの記述に認められました。また、職員間で検討の場をもっても、悩みや不安の状況から抜け出せない感覚をもち続けていたことを記述しているものもありました。わずか4回ほどの話し合いでしたが、それによって、「安心した」、「肩の力が抜けた」など、「不安」から「安心」といった気持ちの変化を感じている保育者および「関わりの再確認」、「意欲」を感じている保育者がいることが示唆される結果となりました。その他、障害児に関してだけでなく、保育に対する柔軟な発想や、幾通りかの保育場面を遂行してみるなど、話し合いのテーマ以上のものを考えたり感じたりしていることを記述した保育士も認められました。

第 5 章　事例研究　121

図表 5 － 4　気になる子どもに関する保育者との話し合いについての感想

保育士	話し合いの感想
N1	私自身，障害児にかかわるようになり，いろんな研修会に参加してきていますが，こんなに身近な所で話し合いが持てた事を嬉しく思っています。また，先生の熱心さが職員たちにも伝わりとても**意欲**が出てきているように見えてきました。このまま終わってしまってはもったいないなぁと思っていたところだったので，17年度も継続してくださるということなので良かったと思っています。子どもへの対応の仕方や保護者への対応の仕方もこれから学習していきたいと思っています。これからもよろしくお願いします。
N2	子どもたち一人ひとりの関わりや対応，配慮など，クラス担任のみでなく，職員間で，**再認識**することができたので良かったと思う。日々の様子だけではどうしても主観的になりがちだが，違う視点からも考えるきっかけになり，客観的に少し離れていろいろな状況から見てあげることが大切なんだと改めて思いました。テレビ，ビデオなどメディアと離せられない，現代なので，今後，子どもたちとメディアの付き合い方についてもさまざまな視点から伝えていくことも大切だと思った。
N3	昨年度担任した子の事例で，その当時はただただ，どう保育をしていいのかわからずに年度が終わってしまったが，今回具体的に（テストを通して）どういう子なのかがわかり，さらにこれからの保育の助言もしていただき，正直，**安心**しました。参考にさせていただきながら，園としてもできる限りその子の成長につながるように努力していきたいと思います。これからもぜひI先生にぜひ来園していただき，ご指導を受けたいと思いますのでよろしくお願いいたします。
N4	発達支援児や気になる子に対しての保育…対応について**悩み**ながらも，日々の生活の中で様々な取り組みを続けてきました。職員間でも，どうしたらよりよい保育となるのか話し合いをもっても，抜け出せないままの部分も確かにありました。そんな保育士としての不安な部分を，この研修を通して，「これでいいんだ」というような**安心感**も持てた部分も多く，時間をかけて成長を見守るという意味も（心に焦りがあって），自分自身に言い聞かせることができたように思います。その子の特徴なりを良く知ることによって，保育士の対応も変えられ，それによってよりよく日々の生活が送れるようになれば，何よりと思います。保護者とのかかわりの点が，今，一番のテーマであり，その次へのステップとまではいきませんが，「親としての気持ち」を受け取れるように心がけなければならないと思っています。今後も，ご指導よろしくお願いいたします。
N5	はじめてこの会議に参加させてもらいました。子ども，一人ひとりに対する小さいしぐさを見落としてはいけないのだということと，理解度が少ない子に対する視覚からの理解など納得する部分がありました。友達とのかかわり，愛情の表現が子どもに対する影響が多いことはわかっていても再度，自分自身も**見直す**ことが必要だなと感じました。ありがとうございました。

N6	I先生の話を聞く機会で自分の今のクラスには偶然に気になる子どもがいなかった為，2回だけではあったが心構えをもつことが出来たことで，自分のこれからの保育士としての**対応が変わる良い機会**となった。私自身2回の話を聞く機会で勉強になったことは，言葉（言語）と行動を結びつけて知らせることだった。これは年齢にもよると思うのだが，保育士が子どもに接するときの一番大切な部分だと思う。指導の方法は保育士の技量によるが，子どもへ接する姿勢を改めて**振り返れる良い機会**となった。また，そういった子どもをクラスにもったにしても，私自身の試行錯誤の基盤が，その子どものためにできたと思った。
N7	障害児への対応，まだ不安定な心の子ども，親への対応が分からず，園内で考えが**右往左往している中**，I先生にきて頂き，話を聞くだけで，**1歩間を置いて，子どもと対応してみようとする気持ちで保育できた**。特に刺激の多い中で保育することでの注意力散漫になることへの提案は，実践してみて改めて感じた。紙芝居など室内ばかりで読むのではなく階段などあまり刺激がないところで読むと集中して聞いていた。また，外遊びでも遊具をだすばかりでなく，自然物で遊ぶことで子どもたちの考える力につながるようにしていくと，子どもたちの方から想像して遊びにつなげていく姿が見られた。室内でも画用紙を出して自ら考えて，どんなふうに遊べるのか考えながら遊び，そんな考えが出きるようになってくると，人と関わるときも，どうしたらよいのか，どうするのが一番よいのか考え，暴力（かじったり，殴ったり）で相手に思いを伝えるのではなく，言葉で相手に思いを伝えようとするところが見られるようになってきた。また，先生の話を聞くことで**1通りの保育にならずに，柔らかく考えがいろいろ出きる保育につなげていき，子どもと保育士，保護者と楽しい育児・保育をしていきたい**。ありがとうございました。
N8	K君を継続してみていただき大変ありがとうございました。担任としてどう接していっていいのかずっと**悩んでいた**のですが無理しなくていいんだなぁと本当に**肩の力が抜けた**ことを思い出します。強くしかればわかると思ったこともあったのですが，そうではなくむしろパニックを起こさないほうへ目を向けさせるようにしていった保育を心がけるといった助言をしていただきとても嬉しく思いました。実際にやってみて全体がスムーズに流れることを実感してああこれでいいんだと思いました。これからもこういった子に出会ったとき，I先生からいただいた助言をひとつひとつ思い出しながらがんばって保育にあたっていきたいと思います。
N9	はじめて保育所に勤務したので，はじめのころはクラスの子ども（ちょっと気になる子ども）に対して，どう関わっていったらいいのか**悩んでしまう**ことがあった。何かいけないことをしてしまうと，すぐ「だめ」，「やめて」など禁止するような言葉かけをしてきてしまったと思う。I先生との研修会に参加させていただいて，今まで**悩んでいた**部分が助言をいただくことにより，自分でも何通りかの関わり方を考えるようになったり，**落ち着いて保育**ができるようになってきたと思う。また，どうして今この子は，こういう行動を取っているのか？とはじめは疑問に感じてしまうことばかりが多かったが，少しずつ分かってきたように思う。

	I先生はとてもやさしい雰囲気で子どもの中に自然に溶け込んでいらっしゃるので，子どももあまり意識せずに普段の姿をお見せできたのではないかと思う。私自身も大変勉強になったうえ，子どもたちも少しずつよい方向に成長していっているように感じる。今後も引き続き，こういった研修会を開いていただけるのであれば大変あり難いと思う。ぜひよろしくお願いいたします。また**自分自身もっと知識を身につけて，自分自身を向上させていかなければならない**と思う。
N10	障害児について一人ひとり，対応の仕方がかわり，その度予期せぬ言動があり，どのように**対応**していったらよいかと思っていたこともあったが，助言をいただいてすごく勉強になりました。時が経ち，障害児のみならず，いろいろな報告を受け聞いていると，ついつい年齢が上がると共に言葉のみで指示をしやすくなってしまいがちな私ですが，視覚を使ってみる方法をたくさんお知らせいただき，**再確認**しました。ことわざにも百聞は一見にしかずとありますが，おとなだって話を聞くだけよりみた方が頭に入りますよね。これからも念頭において対応したいと思いました。I先生のお話の仕方はとてもゆったりしていて，子どもと接するときに，もっと見直した態度で私も接していこうと見るたびに考えます。4月以降もよろしくお願いいたします。K-ABC，子どもたちがどのような検査をして，どのような判断がつくのか，知らせてもらえてよかったです。勉強になりました。園でもできるようなことをちょっぴり**挑戦**してみました。パズルで三角づくりなど…5ォとか（？：不明）
N11	障害の子の特徴を知るとともに，日ごろから障害的なこの様子を見ていたり，保育にたずさわっていて疑問や**悩み**などがたくさんあったが，研修により分からなかったことが分かったり，納得のいく話もあり，いろいろな面で勉強になりました。また，子どものことだけでなく親にも問題がある場合は，いろいろな施設を利用しながら，よい方向に支援できればよいと思います。
N12	人を育てる難しさを日々感じています。毎回気になる子に対して研修してきていますが，個々人，同じようであって，別々な指導が必要であることが分かりました。保育士の**積極的な参加**もあり少しではありますが子どもに対する接し方が上手くなっています（気長に待つことの大切さを知る）。今後，視覚からの指導を考える時，教材づくりをしていきたいと思います。どんな所から入っていけばいいのでしょうか。

考察

本実践によって，保育士が子どもの発達に関して，日々，「悩み」，「不安」を感じつつ，懸命に実践を行っている姿が，浮き彫りにされました。また，その具体的な実践の場に心理の専門家が共に参加し，保育士と対話することで，保育士の「不安」や「悩み」が「安心」に変化すること，自らの保育を「再確認」し，保育への「意欲」も認められるようになる可能性も示唆されたといえ

このような結果から，健診事業で，保育所を巡回しているとき，筆者が感じた健診スタッフと現場の保育士との間に生じる気持ちのズレ（違和感）は，保育士の「不安」や「悩み」から生じている部分があったのではないだろうか，と思われました。巡回相談型の健康診査は，子どもの発達の専門家が現場を訪れる絶好の機会となります。しかし，実際には，「この子は気になる」と訴える保育士の「不安」や「悩み」によりそい共感するといった相互作用まで発展できないまま終わるのです。一日の内の半日で行われる子どもの観察では，気になるという，子どもの特徴を把握することで精一杯とならざるをえないのです。このような状況に対しての不満が，「今日はおりこうでしたが…，いつもは…」，「保護者に対してもっとはっきりと問題を告げてほしい…」，「他機関への紹介をしてほしい…」などの声となって表現されているように思われたのでした。

　本実践の結果は，生活の場の気になる子ども－保育者間に発達の専門家を媒介させる，巡回相談型の健診の発展可能性を示唆したものと思われます。

総合的考察
① 生活の場へ入り込む健康診査でのスタッフ間の違和感と発展可能性について

　図表5－1に示されたように巡回型健康診査の取り組みは，健診スタッフを生活の場の文脈に入り込ませるという形式の変化を生じさせました。このことが，保育所など子どもの生活の場の子どもおよび保育者の相互作用に影響を与えます（図表5－2）。この影響が，スタッフ間での気持ちのズレを当初は感じさせる原因にもなっています。しかし，このズレは，継続的なスタッフ間の交流によって，解消できる可能性が今回の報告によって示唆されました。それだけではなく，継続的な交流によって，保育者が抱える気になる子どもに対する保育の「不安」を「安定」に変化させます。保育者が，自らの保育を客観的

にとらえる機会となり，インクルージョンへ向けた保育への意欲にもつながることが示されました。

今回，モデル事業として行われたT県の健康診査には，保育者支援の視点は含まれていません。保護者支援と子どもの障害の早期発見と予防が中心的な目標とされました。しかし，本実践の取り組みは，子どもの児童福祉的支援の充実の観点から，保育者支援の視点を大きく捉えなおす必要があることを明らかとしたと思われます。

また，保育者だけではなく，健診スタッフが生活の場に入り込むことは，健診スタッフ自身が，生活の場での子どもの様子を学び，他の子どもに関わる関係者がどのような視点で子どもの養育をしているのかを知る経験となります。つまり，自分とは違う，職種の活動を通して，自己の職業を捉えなおす場ともなりうるのです。もちろん，普段，抽出された場で子どもたちと関わっていたスタッフにおいては，生活の文脈の中で見せる子どもたちの発達の様子が，抽出された場で見ているものとは異なる場合が多いことを学ぶ機会ともなります。このような職種間の認識の違いは，先に述べた認識のズレ（違和感）を生じさせる原因ともなります。しかし，継続的な対話は，そのズレを乗り越えさせ，職種間の連帯と共感を生み出す機会ともなるのです。この職種間の連帯と共感は，健康診査の目的とは別に，子どもの発達可能性をより拡張させる機動力になるのではないかと思われます。

② 児童福祉サービスとしての母子保健法：健康診査の発展可能性

児童福祉サービスの供給体制は年齢と対象によって大きく6つに大別されます。① 母子保健施策，② 保育施策，③ 児童健全育成施策，④ 母子家庭施策，⑤ 障がい児施策，⑥ 児童自立支援施策です（山田・大江，1999）。① の施策の遂行に当たって制定されたのが母子保健法です。1965（昭和40）年の制定以来，各地域によって，地域の現状に合わせた健診システムの確立がなされてきました。そのために，保健師等，母子保健に関わるスタッフが，努力を重ねてきた歴史もあります。しかし，社会の変化や地域住民の生活の変化，母子を取

り巻く子育て環境の変化などによって，システムとして確立し機能していた健康診査が，また新たな変革を迫られている現状もあります。T県の巡回相談型健康診査のシステムも，そのような時代の流れの産物であると思われます。そのような変革の時期には，児童福祉サービスを発展させるための芽生えの可能性がまた潜んでいるのです。このタイプの事業の実施に参加させていただいて，強く感じたことは，事業当事者自体もあまり意識していない，制度の動きの潜在性についてでした。この巡回相談型健康診査の取り組みの目的は，軽度発達障害児の早期発見と予防，療育機関への紹介，当該児童の保護者への障害受容の過程の援助でした。しかし，実際に事業を行ってみると，まず，第一に本報告で述べてきたような保育者支援の重要性が示されたのです。第二には，今回は触れませんでしたが，保護者の面接希望は，障害の受容過程の援助というものはほとんどなく，普段の生活の中での育児および子どもの発達に関するものがほとんどであったという事実です。つまり，保護者にとっては，このような巡回相談型健康診査における相談を，子育て支援の相談として受け止める場合が多いということです。

　これらのことからも，このような事業では，①の施策の充実ということだけではなく，②，⑥などの施策にまたがるサービス供給体制を構築していくことで，よりよいサービス供給システムの実現が期待できると考えられます。しかし，行政機関では，施策ごとに担当者を替えることでサービス供給に対応しているのが現状のようです。このような機会に，各担当者間の連携など，行政機関内のシステム変革にも着目できる可能性があるのです。

　児童福祉の対象となる人びとの福祉的利益をいかに最大限に確保するシステムを構築できるのかという視点で，個人にまた地域に，そして行政機関に働きかけられるような社会福祉の専門家すなわち社会福祉援助技術の視点が，今後，重要になってくると思われました。

参考文献
- 石川由美子・古積悦子『気になる子どもの発達支援：保育士の『悩み』と『不安』―事業（5歳児健診）と臨床（保育所）の連携のために―』日本福祉心理学会第3回大会，2005年
- 山田勝美・近江信彦『児童福祉の原理と展開』一橋出版，1999年

考えてみましょう

この事例を通して，あなたならどのようなソーシャルアクションの視点を持ちますか。その視点の論理的背景と，実践可能性について自分なりの意見を1200字以内にまとめてみて下さい。

❷ 児童養護施設での12年の養成記録

1）児童養護施設の原理

すでに学んだとおり，児童はまた権利の主体です。

憲法で保障されている，幸せを追求する権利を有する人格です。

児童福祉施設はその権利行使の支援を行うところです。同時に家庭の代替機能を受け持つところでもあります。

その養護施設の支援の原則は何か考えてみましょう。次に基本的な原則を掲げてみました。

① ウェル・ビーイング（well-being）の保障

ウェル・ビーイングは個人の尊重・自己実現と理解されています。児童福祉では子どものよりよい生活の追及と保障と理解されています。それは，子どもが子どもらしさを保ち，自らの潜在的な可能性を開花させて生活していくことだといえます。

② 発達の保障

児童養護施設に入所してくる子どもは自ら希望してくるわけではありません。父母の養育拒否や，行方不明さらに虐待と子どもにとっては不可抗力な現実によって入所してくるのです。

そうした要養護児童と呼ばれ，施設入所する子どもたちは心身ともに文字通り傷つき病んでいるのです。それを癒し本来の能力を導き出し開花させていくことが児童施設の役目です。子どもの側に立ってみれば発達を保障される権利を有しているのです。

③ 自立支援

明治時代以降，常に子どもたちの施設の働きの基本的な目的は社会で自立して生きていくことでした。今日，児童養護施設には子どもたち一人ひとりに自立支援計画の策定が義務付けられています。

この計画の策定や見直しにあたっても，その中心になるのは，子どもたち自身でなくてはならないのです。

おとなたちからの指示による指導ではなくて子どもたち自身が課題を乗り越える力（エンパワメント）を信じ，環境と経験を積み重ねられる条件作りが施設の側の責任になるのです。

④　履歴性と個別性の尊重

履歴性の尊重とは，一人ひとりの人生の継続に配慮していくということです。

子どもがドングリを大切に何時も箱にしまっていると考えましょう。傍から見れば，価値の無い木の実ひとつです。でも，そこには幼い人生のドラマが秘められているかもしれません。そのようにとらえられる感性と，ドングリひとつを子どもとともに慈しんで大事にする処遇が大切なのです。

個別化の原則は本来子どもは家庭という場で継続的な人間関係で育成される存在です。家庭の代替機能を担う養護施設では出来る限りの信頼しあえる人間関係をつくり，大切にされているという実感を感じられることが重要です。

⑤　家族関係重視の視点

児童は家族の再生を望んでいます。可能であれば再生の支援し努力していきます。時として子どもが実父母を乗り越えていかねばならない事実もあります。将来家庭を持っていくであろう児童に否定的な親子関係のみを押し付けることは出来ません。児童が在るべき家族像をつくる支援もしていかねばなりません。

2）**事例紹介**

この事例報告は12年間に亘る児童養護施設で暮らした，強度な弱視というハンディキャップをもったの女子の記録です。

＊入所理由－

A子6歳の終わりに児童養護施設に入所しました。

入所理由は両親の離婚による養育困難でした。離婚後実母がＡ子２歳年上の兄を引き取ったのです。
　入所時には，強度の弱視でした。
　障がいを持った理由は母親がＡ子を抱っこしていて，敷居の上に落としてしまったということでした。
　その障がいを負った理由に疑問が無かったわけではありません。しかし，施設は理由を調べたり断罪する場ではありません。
　入所児童に対して最善の努力を払うことが福祉施設の存在理由なのです。
　Ａ子は同一年齢の幼児より甘えが強く，幼さが感じられました。
＊幼稚園入園から盲学校入学へ－
　Ａ子が入所したときにはすでに年長になっていました。小学校入学に向けて社会性の獲得のため幼稚園に短期間でしたが入園をすすめました。
　保育園は児童養護施設と同じ児童福祉施設なので二重措置となるため利用できないのです。
　児童養護施設内で幼児の園内保育をしている施設もあります。ですが，いろいろな地域の子どもたちや保育する職員が何時も同じ顔であるよりも，いろいろなおとなたちに接して社会を学んでいくことを目指すと幼稚園の協力が必要になります。
　児養護施設の幼児は出入りが多く，情緒が安定していない子どもが多いのですがともに子育てをしようと協力し受け入れくれるのは民間の幼稚園です。
　Ａ子は幼稚園の中でも，目の障がいのこともありますがむしろそのことより課題になったことは，幼稚園教諭の傍から離れることが出来ず，また他の園児と遊ぶことが出来ないことでした。
　施設の中での生活も部屋の中で担当保育士と過ごすことが大半でした。本児の甘えもありましたが，見えないことでの事故の不安もあり外に出すということを強く勧められなかったのです。
　この課題を背負ったまま，小学校入学の日が近づいてきました。

措置機関である児童相談所と協議をしました。そして，東京都の心身障害者福祉センター（身体障害者福祉法でいう更生相談所）で目の障害の判定と今後の支援のあり方を相談に行くことになりました。

そこでの医師による診断はＡ子の反応が，幼く明確な数字での判定を出すことは出来ませんでした。が，通常の読書や学習は困難であるとのことでした。それは，教科書と黒板を使用した普通学級への進学は出来ないということです。いままで，知的障害をもった児童を養護施設ではうけいれた経験はありました。普通学級へ進学し教師やクラスメイトの理解をもとめてきたのでした。今回は教科内容が理解できる，出来ないというレベルでは無く見えない，読めないという事実の前で立ち止まざるをえませんでした。

児童養護施設という心に多くの傷は負っていても身体は健常な子どもたちを育てていた職員は一瞬，方針を見失ってしまいそうになったのです。時は止まってくれません。義務教育は受ける児童にとっては権利なのです。権利は擁護しなければなりません。児童養護施設は児童の幸せを追求する権利，発達保障の権利の砦と自負していました。

生活は私たちが守ろう。教育はどことパートナーとして申し込めるか考え盲児教育の専門機関の盲学校をたずねました。施設からバスで駅に行き二つ先の駅に盲学校はありました。「遠いな，小学生で通うのは大変だな。付き添いや通学訓練も必要だな。」などと考えながら訪問したのです。

盲学校は1200万人すむ東京でたった４校しかないのです。そこで学んでいる小学生の中には併設されている寄宿舎で生活している児童もいるのです。そのとき児童福祉の仕事をしていながら私たちはなんと自分の足元しか見ていなかったのだろうと無知を恥ずかしく思ったのです。二駅で通学できることは近いことなのだと反省し通学の付き添いをしながら自力通学へ向けた訓練の計画をつくりました。同時に東京都の心身障害者福祉センターに再度相談に行き拡大読書機の貸与と専門のセラピストの月一度派遣が実現しました。拡大読書機は手元を内蔵されたビデオカメラで写し拡大されたものをモニターで見るという

ものです。読むだけでなく，書く学習は手元ではなくモニターをみて行うので難しいものでした。

本児を中心に盲学校，東京都心身障害者福祉センターのセラピストと私たちがチームを組んで就学に臨んでいったのです。

＊母子関係の調整

実父は行方不明でしたし，親権者は実母です。当然，本児も実母を慕います。しかし，書類上は養育困難ですが現実は養育拒否という状態でした。

幼稚園の卒園式や盲学校への入学式に連絡し来園を促して行きました。来所の連絡や来所時には，出来るだけ本児の成長を良い方向で伝えることにしました。課題を共有するには，時間がかかると判断したからです。

来所した母子の対面はぎこちないものでした。実母も，どう関わっていいのか分からずにいましたし，本児の方は実母と距離を置いているか極端に甘えていきます。乳幼児期に愛情を，うまく受け止めてこなかった子どもたちは，おとなの愛情を試すように，距離を置いてみたり，おとなが受け止めきれないような甘えを見せたりするのです。実母も私たちの手前か無理して本児の甘えを受け止めようとするのですが，少しも楽しそうな顔を見せないのです。

そのような，実母に対しては，施設と信頼関係を構築することを一番に考えました。それは，本児との関係を実母が疎ましく感じて，疎遠になっていく恐れを感じたからです。実母は実母なりに，悩みを抱え生きているのです。実母にとって施設は自分の身方，自分たち家族の援護者ということを信じてもらうことが重要と考えたからです。ですから，夏休みや正月には，帰省できる子どもは親元に帰りますが，A子は無理に帰すことはしませんでした。実母に園にきてもらい会うことをすすめました。

けれども，時には実母は連れて帰りたいと言うこともありました。1泊でいいからと施設側から言っても1週間大丈夫といって帰ります。でも，その度に翌日電話がかかってきました。迎えに来て欲しいというものです。

殴ってしまったということもありました。実母と施設の信頼ができてきて，

実母も努力してみようと思うのです。その気持ちはうそではないのです。でも，それはともに住みたいという切なる願望ではなく，努力してみようとする義務感が大きかったのだと思います。本児は，そこでも距離間を感じさせる態度や，困らせることで愛情をはかろうとするのです。たとえばトイレでペーパーを全部流してしまったり風呂に閉じこもっていつまでも出てこなかったりという行動でした。

　それは，そうしなければいられないA子の愛情の飢餓の訴えですが実母には伝わりません。この山を越えたらという施設からの言葉は実母には了解不能のことだったのです。

　何度も，迎えに行きましたが，ドアを開けて見えるのは普通の家族の風景です。ですがニコニコしてA子はお出かけするように靴を履きます。実母はすみませんと謝りながらホッとした表情を見せます。2歳上の兄は無表情でテレビを見ていました。この関係を変えることは出来ませんでした。

＊盲学校高等部卒業と進路

　通学訓練や東京都心身障害者福祉センターのセラピストの訓練も小学校の中ごろには安定し自分でできるようになって終了していきました。そして，盲学校高等部の3年になって進路を決めていかねばなりません。児童福祉法では18歳までしか児童養護施設にいられないのです。施設から出るということは住むことの確保から始まります。親元に引き取られるか。または宿舎を提供してくれる職場を探すか。新聞配達をして奨学金を得て大学に進むという例もあります。

　施設と実母との話し合いが行われ，実母はA子を引き取るといいました。そのために住宅も1階にするということで施設も部屋探しに協力をしました。ですが土壇場で引き取りはキャンセルになりました。理由は今までと同じです。親子の関係は10年の月日をかけましたが改善できませんでした。兄はニートになっていました。

　A子は，10年ぶりに東京都心身障害者福祉センターを訪れました。卒業後の

進路のために能力判定を行うためです。結果は，一人で自立していくことは困難であるというものでした。

12年の歳月は幼児から少女へそして乙女へと成長させていきました。手を引かれて幼稚園へ行った足取りは白杖を衝きどこへでも一人で行かれるようになりました。しかし，自立して生活するまではいたりませんでした。

A子の進路は成人の視覚障害者の施設に決まりました。自立して市民として生活していくための訓練の日が続きます。

＊結びに代えて－乗り越えるということ

児童養護施設に入所してくる児童はその小さな背に負いきれない重荷を負ってきます。

この不幸な事実が施設に入っても消えることはありません。ですが職員はともにその重荷を担おうと努力します。そして，いつしか不幸な事実を乗り越えているのです。乗り越えて振り返ってみることの出来る地平に立ったときに幸せに向けて歩みだすことが出来ると思います。A子の幸せをともに祈ってください。

考えてみましょう

1）で児童養護施設の原理について触れました。12年間の取り組みの始まりと終わりしか触れませんでしたが，この記録を読んで原理と組み合わせて考えていただきたいと思います。

発達保障はどのように取り組んだでしょうか。家族への視点と実践はどうでしたか。日々の処遇場面は現実が押し寄せてきます。終われる日々です。しかし，一つひとつの課題の解決に正しく対応するのは処遇の原理すなわち思想に裏打ちされた理念なのです。

参考文献

・米山岳廣・小野剛編著『養護原理の基礎と実際』文化書房博文社，2004年
・山縣文治・林浩康編『よくわかる養護原理』ミネルヴァ書房，2005年

❸ 地域での事例　　地域の子育て支援
　　──NPO法人ピアわらべの実践から──

1）はじめに──少子高齢化の背景

　日本において少子化への取り組みが本格的な政策課題として認識されたのはいわゆる1.57ショック以降，1990年の出生率が，ひのえうまの年（1966年）のそれを下回ったことが直接の契機といわれています。

　その後，少子化への危機感を背景にさまざまな対策，計画が打ち出されました。1994（平成6）年エンゼルプラン，1992（平成14）年育児休業法の施行，1999（平成11）年新エンゼルプラン，2001（平成13）年保育所待機児童ゼロ作戦，2003（平成15）年次世代育成支援対策推進法など枚挙にいとまがありません。にもかかわらず，出生率が回復するきざしはみえません。日本は2005年にすでに人口減少社会に入ったとの見方もあります。

　少子化の要因として，働く女性の増加，結婚や子どもを持ち育てることの価値観の変化などが指摘されていますが，それが人びとの精神の営みに深く絡み合っている問題だけに解決の糸口はまだ，見出されていないのではないでしょうか。

　最近の世論調査では，少子化対策で特に期待する政策として，「仕事と家庭の両立支援と働き方の見直しの促進」，「子育てにおける経済的負担の軽減」「子育てのための安心，安全な環境整備」，「生命の大切さ，家庭の役割についての理解促進」，「地域における子育て支援」などがあげられています。

　仕事と子育ての両立が主要な政策課題であることは疑いがありませんが，同時に仕事をもたず子育てに専念するいわゆる専業主婦の親の孤立や精神的な負担感が強まっていることから，ようやく地域における子育て支援の必要性が強く認識されるようになってきました。1990年代の後半以降，こうした地域における子育てを支えていこうとする当事者や関係者による多彩な取り組みが地域の中で試みられ，市町村行政による支援も行われるようになってきたのです。

ここでは，地域における取り組みの一つとして，横浜市保土ヶ谷に根を下ろし，成長しつつある１本の木「ピアわらべ」の成長をたどってみることにします。この木の誕生の日はまだ浅いのですが，当事者である子育て中の親子に寄り添いながら支援を行う保育士という専門職の視点からの貴重な問題提起となっています。

２）事例――NPO法人ピアわらべの設立とその実践
　NPO法人ピアわらべは，この団体をつくり，代表として活動する遠藤礼子さんの強い思いがその出発にあります。遠藤さんの思いからその足どりをたどってみることにします。
①　代表　遠藤礼子さんの思い
　遠藤さんは横浜市内の認可保育園で18年間，保育士として働いてきました。
　保育園では保育の終わりの時間に，つねに数人のお母さんが廊下で相談をしたくて待っていたといいます。たとえば，「子どもが下痢をしているが，夕食に何を食べさせたらいいか」「子どもがご飯を食べたがらないので袋菓子をたべさせているが悪いことですか？」「なかなか寝ないので，そのままにしている。そうすると昼近くまで起きない」など，ごく当たり前の日常生活のことさえ悩みとして訴えてくる。しかも，それはシングル家庭や生活困窮家庭ではなく，ごく一般の家庭の親から語られるといった現象が増えてきたことに遠藤さんは危機感を感じました。
　一方，地域のお母さんはどうやって子育ての悩みを解決しているのかと散歩に出てみると，家々の窓から同じビデオの声がする，昼間の公園には子どもの姿がないといった光景がありました。
　保育園では，子どもばかりか，親育てをしなくてはならない現実も増えてきたのですが，それでも保育園に子どもを預ける中で親として育っていくことができます。だとしたら，地域の親子は誰にサポートしてもらっているのでしょうか。保育園でいくら頑張って親子を育てても，卒園後は地域に戻るのだから地域社会全体の子育てを良くしていかなくては本当の問題解決にはならない。

保育園には，地域の中の子育てを担える可能性があると考えて実践をしてきました。「親育て子育て」が遠藤さんのテーマだったのです。

　遠藤さんは保育園勤務の後，3年間，保育士を養成する専門学校の講師をする傍ら，横浜市内や横須賀の母親サークルを回って，子育ての相談に応じるボランティアもしました。保育園の現場を離れて，みえてくることがありました。

　当時印象的だったのは，どのお母さんもとても張りつめていて相談を待っており，ひとりが泣き出し，そのうち14，5人の母親全員が泣き出すといった出来事もあったそうです。助言をしたわけでも，正解を与えたわけでもありません。傾聴する，認める，といった相談援助の基本的なことをしていたに過ぎないのですが，それほどに悩みを打ち明ける相手や場所が不足していたのかと，改めて親支援の必要性を痛感させられました。

　折しも，新聞やテレビでは，信じられないような痛ましい出来事が報道されていました。現場で感じたことが社会現象になって現れたのはその頃でした。

　横浜市の児童虐待の把握件数は増加の一途をたどっていました。子どもの生命の危険におよぶような事例も少なくなく，常に緊急の対応が必要とされ，横浜市では「横浜市子ども虐待ホットライン」の開設を準備していました。遠藤さんは，この24時間の緊急対応電話相談の立ち上げ時から嘱託相談員として，電話のラインの向こうの親の深刻な悩みに向き合ってもきました。

　この相談活動の中でも，在宅のお母さんたちの孤立，心の問題が深刻になっていることがひしひしと伝わってきました。自分が保育園時代から取り組んできた，在宅の親支援に本格的に取り組まなければという思いを強くしたのです。

　そこで，自身の保育士としての経験を生かて，また仲間の保育士にも呼びかけて，在宅家庭支援の拠点づくりをめざして動き始めたのです。

　②　ピアわらべの誕生

　ビジョンは明確です。やっていきたい方向は間違っていないという確信があ

ります。「子どもを取り巻く色々な出来事に対して,傍観者や批評家になるのはやめて,協力者や主体者でありたい,考えるだけで実行しないおとなはやめて,とにかくやってみよう,と行動を起こした」と当時の心境を遠藤さんは書いています。

しかし,地域に点在する親子が安心して集まれる場所をつくりたいという思いを形にしていくまでには,さまざまな困難が待ち構えていました。

最大のカベは,場所探しでした。

保育所ではない,無認可保育所でさえない,そのような場所の必要性を認識してもらうことは並大抵のことではありませんでした。足を棒のようにして歩き回り続けましたが,不動産探しは難航を極めました。

何をするにもお金がかかります。ピアわらべの初期資金は仲間で出し合った300万円。利用者の利便性を考えると,駅に近いほうがいいのですが,家賃が高すぎたり,不特定多数の親子が出入りする条件が理解されなかったり,10ヵ月近くの間に沿線の80件以上もの物件を調べることになりました。

そして,ようやくピアわらべの拠点を横浜市保土ヶ谷区天王町,駅から5分ほどの道路に面した場所に開設したのが,2003年4月のことでした。古い戸建ての民家を借り上げて在宅家庭向けの一時保育施設としての運営が始まりました。

運営主体としては,NPO法人を取得することにしました。しかし,NPO法人であっても,補助・委託金が入ってくるわけではありません。まったくの民間の活動で,最初の1年間はこの活動にかかわる保育士全員がまったくの給与,手当て,交通費もなし。全員がボランティアでした。NPO法人が,経験のない新しいコミュニティビジネスに進出する困難に直面したのです。

「働きに来れば来るほどお金が出て行く…」とスタッフ同士ぼやくことも毎日でしたが,それでも利用する親子の姿を見ると活動をやめることはできませんでした。

「初めて駅の向こうまで一人で散歩にいってきました。」「友達と何年かぶり

写真1 (ピアわらべの外観)

でお茶を飲みました。」「自分の病院へいけました。」「(子どもを)私以外の人に初めて抱っこしてもらいました。」「あー、久々に人と会話した。」

　いろいろな声を聞けたことが何よりうれしく励みになりました。

　新しく始めた事業を軌道に乗せるため、事業経営の勉強もしました。横浜市の中小企業センターの「起業家支援セミナー」にも参加し、経営診断も受けました。しかし、「保育士として給料を受け取る経験はあっても、子どもを対象として目の前で金銭のやりとりをすることに少なからず抵抗を感じ」「利用者から、お金を頂くといった行為になれるのには時間がかかった」といいます。

　利用者にPRをしなければと駅頭や、保健所での健診の日には、チラシを配りに歩きました。また、地域の子育ての実情を把握するため、区民まつりの会場でアンケート調査も行いました。地域の育児支援のニーズが非常に高いことがその結果からも、はっきりと見えてきました。

③　ピアわらべの事業展開――三種の神器とは

　遠藤さんには，在宅の親支援について3つの事業イメージが見えていました。遠藤さんはこれを「三種の神器」とよんでいます。それは「一時保育」「フリースペース」「相談」の3つのプログラムです。

　ピアわらべの現在の事業展開を，この3つの順に紹介しましょう。

a．一時保育

　「一時保育」についての一般の理解というのは，なかなか得られにくいものがあります。子どもは母親がみるべきだという社会通念や規範が強ければ一時

図表5－5　一時保留の案内

■施設名　特定非営利活動法人ピアわらべ		
■対象年齢	生後3ヵ月～3歳未満	＊年間登録になります。登録期間中対象年齢を超える場合はご相談に応じます。
■一時保育登録料	3,000円 （2人目～2,400円）	＊内訳（保険料2,000円＋事務費）
■時間内料金 9：30～16：30	1時間あたり 0歳児　960円 1,2歳児　900円	＊1時間からご利用になれます。 ＊30分…0歳児（480円） 　　　　1,2歳児（450円） （ただし，利用時間端数は5分単位の精算になります。）
■開設時間外料金 ＊時間外保育についてはご相談下さい （9：30前，16：30以降）	30分（600円）	＊5分単位の精算になります。 ＊年齢にかかわらず，一律料金です。
■週間定期保育料金	1週間単位のご利用 0歳児～2歳児 1時間あたり700円	＊月～土の1週間のうち，お好きな日と時間をお選び頂き（開設時間内），10時間以上のご利用日時と現金を添えて事前予約してください。 ＊予約状況によってはご希望に添えない場合もございます。 ＊月定期保育については，ご相談ください。

保育のニーズは表には出てきにくく，抑制されます。

　しかし，最近になって虐待問題が大きくクローズアップされ，高齢者の介護者も，子育て中の親も，24時間気を抜けない介護疲れ，育児疲れに対して，ゆっくり息抜きし，リフレッシュするための預かりサービスの必要に対しての理解が少しずつ広がってきました。

　一方，一時保育は，無認可保育所では直接経営にも影響するため，保育士を待機させておく余裕がなく，受入数を増大したり，無資格者に対応させることで，一時期事故が相次いでいました。

　また，認可保育所でも一時保育が拡大しつつあり，横浜市では2003年度実績で，市内63園で提供されています。「毎日預ける必要がなくても，パート勤務，病気，冠婚葬祭その他私的な理由で一時的に保育できないとき」利用できる制度で，非定型保育，緊急保育，リフレッシュ保育の3つの形態があります。

　しかし，保育園側にとっては，手がかかる乳児や，頻度の低いリフレッシュや緊急対応は子どもの負担も大きく，それを十分に緩和するほどの要員がありません。相談してはみたものの，満杯だったり，緊急性がないと判断され，実際には断られるケースが多いのが現実です。

　「何かあると子どもを預けるところがなく苦労している」，「自分や上の子が風邪や急病で病院に行きたくても，下の子どもを預けるところがない」，「仕事を探したり，資格を取るために子どもを預けたい」，「美容院にも行けない」，など，一時保育を利用する理由はさまざまです。

　ピアわらべでは，フリースペースの利用者が，利用者同士で情報交換しながら，親子いっしょにきて，必要な時間に一時保育を利用するという形も見られ，フリースペースと両方のサービスが利用できることで，「母子分離」の第一歩のきっかけづくりとすることもできています。

　こうした一時保育の中から，子育ての孤立した状況がみえてくるようになりました。

　「神経がもたなくなって，つらくなって，ぎりぎりで，今すぐでも預けたい」

という親に,「たいへんだったでしょう。よく頑張ってきたわね」と受けとめます。虐待になりかねない「寸前の状況」がここにはあります。だから「リフレッシュですか?」とドアを閉じたりはしません。気兼ねなく安心して預けられなくては意味がないからです。もっと気軽に利用できる制度や風潮の成熟が必要だと考えています。だからこそ,わらべのスタッフは,大変な覚悟でこの事業を在宅の親のセーフティネットとして続け,見守っているといえます。

　一時保育は,継続した利用ではないだけに保育の連続性には欠ける面があります。それだけに,熟練した保育士の手が必要です。「あの時,わらべがなかったら間違いなく私は子どもの首を絞めていました」という母親の声は後から聞こえてきました。当時は,母親からそういった心の声を聞くことができませんでしたが,保育士集団は感じて見守っていたといいます。

b．親と子のフリースペース

　ピアわらべでは,1階で一時保育を,2階で親子のフリースペース「ぴあ」を行っています。フリースペースは,子どもたちが安心して遊べる場や機会を提供し,また子育て中の親同士が交流したり,仲間づくりができる場所です。ピアわらべでは,週3回開設しており,「あかちゃんの日」「手作りおもちゃの日」「お誕生会」「お話会」「ピアわらべ文庫」(絵本などの貸し出し),「講演会」

写真2　七夕のつどい

図表 5－6

```
＜パンフレット＞
親子のフリースペース「ピア」

フリースペース「ピア」は，
地域の 0 歳～ 3 歳までのお子さんとお母さんのための空間です。
お母さん同士，情報を交換したり，保育士経験を持つスタッフに
子育ての相談をしたり，自由にのんびりとお過ごしください。

フリースペース「ピア」が，ともに育ちあう場所となることを
心から願っています。

親子のフリースペース「ピア」は，厚生労働省の補助事業である
「親と子のつどい事業」として，横浜市社会福祉協議会より委託を受けて，
運営しています。「親と子のつどい事業」とは，主に乳幼児（0～3歳児）
を持つ親とその子どもが，気軽に集う場を身近な地域に設置し，
子育て支援を図る目的で実施するサロン事業です。
```

利用日	火曜日，木曜日，金曜日 ＊第3火曜日は誕生会，第2木曜日，第4金曜日は赤ちゃん向けの日です。
利用時間	9：30～14：30
年会費	2,000円　＊1年たったら更新していただきます。傷害保険代が含まれます。
利用料	利用料300円　＊施設維持費の一部として使わせていただきます。＊1ヵ月2,000円のフリーパスもあります。

（消防士さんと話そうなど），季節の行事（七夕のつどい）「水遊び」「幼稚園情報の交換会」「見学会」などのさまざまなプログラムを行っています。

　この親と子のフリースペースは，横浜市の「親と子の集いの広場事業」の補助を受けていますが，ここで，この「親と子の集いの広場事業」の経過について簡単にふれておきたいと思います。

　同じ横浜市には，早くからNPOとして親と子のフリースペースをはじめていた「びーのびーの」という活動があります。

　「びーのびーの」は，やはり同様の活動を先駆的に行っていた東京都武蔵野市が市営で始めた親子の集い事業「0123」から学びながら，港北区菊名の駅前

商店街の中にある空き店舗を利用して，2000年に，地域の中に「もうひとつの家をつくろう」という呼びかけから始まったものです。

2001年に厚生労働省がこの「びーのびーの」を視察，その後，厚生労働省はこの「びーのびーの」をモデルにした補助事業「つどいの広場事業」を予算計上し，2002年度から事業を開始，2004年度には全国で500ヵ所に補助しています。横浜市では市独自の要綱を作成し，2005年現在12ヵ所の活動助成を行っています。

ピアわらべのフリースペース事業は，2年目から横浜市の補助対象となりました。

ピアわらべの特徴は，やはりスタッフが保育士の専門性を持っていることです。それは，親子がいっしょに遊ぶためのフリースペースの場においても，自分の子育てがいいのだろうかと常に不安をもっている親が，スタッフに話したり，相談したりしやすい環境にある点です。フリースペースでは，一応の利用時間はありますが，時間を気にせず，ゆったりと聞いてくれる雰囲気があるので，利用者が少ない曜日を選んで来る利用者もいます。

また，利用は3歳までですが，この場を卒業して，いろいろ迷った末に，それぞれが別々の幼稚園に入園した親同士が集まって，情報交換をするような場面もあるといいます。その場には，ピアわらべのスタッフにも聞いてほしいということでよばれ，今後のお母さんたちのために役立ててほしいと，それぞれの幼稚園の様子や情報などを教えてくれるのです。

このように常設のフリースペースだからこそ，預かりもできる，相談も気兼ねなくできる，交流も情報交換もできる居場所のようなところだからこそ，安心して子育てが可能になる，そしてそこに常に人がいることで，情報が蓄積され，相談対応の力も高まっていると感じられます。

c．相談事業

ピアわらべでは，10人以上の保育士資格をもったスタッフが個別の相談対応を行っています。相談において，大切にしている視点は，「保育士としての専

門性」と「母親としての共感性」です。

　利用する親にとっては，保育士は守秘義務があり，どこかに相談ごとがもれる心配がなく安心感があります。ひとりで悩んでしまいがちな子育ての悩みを聞いてもらえ，保育士としての経験や知識からの適切なアドバイスがもらえるのです。

　子育てをする親には，自分の子育てが上手にできていないことを自分で責めてしまうこともあります。ピアわらべのスタッフはみな母親として子どもを育てた経験をもっています。専門家だからといってすべてうまくできるわけではありません。母親として同じ失敗をしてきた経験も挫折もあります。そうした，同じ母親として共感して話を聞くことを大切にしています。そうした対応は，今現在のその時の子育てに悩む母親にとっては，ゆっくりと，長い見通しをもって受けとめてくれるという安心感につながっているのです。こうした姿勢が「ピア」（同じ立場の仲間）という言葉に表現されているのでしょうか。

　もちろん，子育ての経験がなければ相談ができないということではありません。母親が抱く挫折感や辛さに寄り添い，共感しながら傾聴できる，そのような専門性が求められるということでしょう。

　ピアわらべには，月40件ほどの相談があるといいます。一時保育やフリースペースを利用する親からの相談がやはり多いようです。こうしたサービスを利用している場面で，日ごろから出入りしてなじみのある場所で気軽に話ができているので，あらためて相談窓口を訪れるという緊張感を持たなくてもすむので敷居が低いのです。

　こうした，地域で暮らす親子に寄り添った地道な活動が少しずつ理解されるようになり，2004年10月からは，保土ヶ谷区役所の「子育て支援拠点」としての指定を受けることになりました。

　NPOと行政とが協働して「町の子育て」を応援しようという試みです。

　相談の傾向には，特徴があります。

　ピアわらべのある地域は，保土ヶ谷区内でも毎年出生数がわずかでも上がっ

図表 5 − 7

```
         わらべの「子育て相談」のパンフレット

     保育や育児に関する地域情報（主に横浜市内）をご紹介します。

        この事業は「保土ヶ谷区地域子育て支援事業」のひとつで
           保土ヶ谷区より補助を受けて実施しています。

   ピアわらべでは，10月より「保育士による子育て相談」を受け付けています。
    0歳から小学校就学前までのお子さんをお持ちの方，保土ヶ谷区にお住まい
  の方なら，どなたでも無料で相談することができます。
  「オムツがなかなかはずれない」「遊ばせ方がわからない」「離乳食がうまく
  すすまない」「子育てがつらい」「近くのサロンが知りたい」「赤ちゃん教室っ
  て何」「言うことをきかなくてイライラする」など，1人で悩まないで一緒に
  考えませんか？
    子育てで困ったこと，心配なこと，まずは電話で予約をしてください。

  ■予約受付　 月から金　13：00〜16：00
  ■相談日　　 月から土　 9：30〜16：30（ピアわらべのお休みの日はのぞき
                ます。）
  ■電話番号　 ○○○−○○○○　お一人おひとりの育児の悩みをお聞きし，い
                っしょに考えます。
```

ているエリアです。相談者は，古くから地元で生活している親との同居型世帯と，転勤や転入の核家族世帯と二極化しています。

　前者では，親自身の親子関係を引きずった相談内容が増えているそうです。母親が，良い子として育ってきて，思い通りにいかない子育てと，自分の子ども時代が重なってしまい，二世代の親子関係が揺らいでしまう相談が増えています。弱音を吐くことも，子ども時代を取り戻すこともできないジレンマの中で苦しんでいる母親が多く，たいていの祖母は，受入れるよりは「私はもっとこうやった」と突き放す，それは成果物の娘に対して喝をいれるようなもので，娘としては頼ることも甘えることもできず，自信を失くしてしまい，緊張感を感じているといいます。

　また，後者では，当然核家族で，相談相手をみつけるチャンスが限られています。特に出産と転居が重なると，子どもの月齢が高くなるまで，外出も限ら

図表 5 − 8

① 保育士が常駐していることで，相談のタイミングを選べる
② そこにあるという安心感
③ 子どもにとって居心地のよい場所は母親にとっても居心地のよい場所
④ 相談相手が複数いることが次の見守りにつながる
⑤ 保育士の守秘義務が信頼につながる
⑥ 拠点内に支援に必要な資源を保有している

れてしまうのでさらに孤立が深まっています。

こうした個別の相談対応の原則を，わらべでは次の6つに整理しています。

ピアわらべでは，拠点で相談を待っているだけでなく，近隣の子育てサロンにも出向き，運営の相談や情報の提供も行っています。さらに，2005年からは，子育て支援者の研修を開き，新しい育児支援者の養成も手がけています。

また，保育園，小児科医などとネットワークを形成しようと努めています。こうした関係機関との連携は，訪問看護ステーション，地域活動ホーム（横浜市では障害のある人の地域生活を支えるサービスと相談を行う施設）などにも広がっています。幸いにこのピアわらべのある町には，歩いて5分くらいの範囲に上記の施設の他にも，子育てサポートシステムを実施している区社会福祉協議会や横浜市中央児童相談所，子育てサロンを独自で実施している地域ケアプラザ（高齢者のデイサービスや地域交流を行う横浜市独自の施設）などがあり，顔のみえるネットワークをつくることができてきているのです。

④ 地域社会の中で

こうした地域の中の親子のニーズに応える活動を展開していくには，やはり地域社会との関係づくりが重要になります。

遠藤さんは，保土ヶ谷という地域にこだわってきました。横浜市は変えられないかもしれませんが保土ヶ谷だったら，じっくり根を下ろして，少しずつ変えていけるのではないかという手ごたえを感じるそうです。

地元の町内会の役員にもなり，地域とのかかわりを積極的に図るようになり

ました。事業経営だけでは大変苦しいので，地域の理解が欠かせず，地域にある資源をなんでも活用し，生かしていくことを心がけています。

　拠点の開設に必要ないろいろなものも提供してもらったり，また，必要な大工仕事も近所の大工さんにボランティアでお願いしました。そうやって地域のいろんな人にお世話になって，お互い様の関係づくりに努めています。

　ピアわらべの理解を求める活動も粘り強く行っています。毎月，活動紹介をしたチラシを道路に面した商店街全部のお店や企業に，100枚以上配ります。そうやって地元に理解を働きかけていると，利用者から「あそこがいい保育や相談をしてくれる」という評判となって地域社会に戻っていき，また次の支援をいただける関係もできてくるといいます。そういう意味で，地元の自治会・町内会との連携，民生委員・児童委員との連携をとても大事にして，地域で活動している母親サロンとの連携も心がけているのです。主任児童委員の子育てサロンマップに「ピアわらべ」を載せてもらったことは非常に大きな喜びでした。

　また，ピアわらべのこうした事業を運営していくには，資金が欠かせません。フリースペースと相談事業には，公的な補助金を受けていますが，十分ではありません。ピアわらべでは，NPO法人の活動の趣旨に賛同してくださる方を正会員・賛助会員として募集を行っています。利用者さんがご夫婦で入会してくださる場合もあるといいます。

3）事例の分析

　さて，ここまで，ピアわらべが保土ヶ谷という地域に拠点を置き，孤立しがちな親子の支えになるよう，必要なサービスを自らの手で提供し，親子の生活に寄り添った相談活動を実践してきた，その過程と内容を紹介してきました。

　この実践事例全体を通して，3つの視点から考えておきたいと思います。

　① 生活ニーズと政策

　まず，生活の中のニーズと政策をどうつないでいくかという手法についてです。ピアわらべには思いはあふれていても，コミュニティのビジネスとして成

立させていくには，事業経営の難しさがありました。今もその困難は続いています。しかし，あきらめてはいません。必要性やニーズは確かにみえているものの，どこからも補助・援助がない新規の事業展開には，こうしたリスクが伴います。誰かがやらなければ，自分たちこそがやらなければならないという強い思い入れが，ここまで活動を引っ張ってきたともいえます。

課題は，こうした親子の居場所，一時保育，相談を一体的に提供する居場所活動が，地域の親子の暮らしの視点からいかに必要とされ，またどれだけの支えになっているかを，どのようにアピールし，政策提起していくかです。

従来の社会福祉の制度化の一般的なプロセスは，住民ニーズの要望を行政にぶつけ，それを行政が受け付け，政策的な優先順位をつけて，予算化し，議会を通して制度化していくという流れでした。1990年代以降の日本においては，まずこうした活動を要望するだけでなく，必要なことは自ら実施することを通して制度化をすすめていこうとする実践力，マネジメント力，そして政策提起力のあるグループ・団体が生まれてきました。またそうした団体が実績をつけていくことが可能な状況が生まれてきたといえます。

そうした動きを推進したのは，市民の活動の力であると同時に，NPO法の制定，市民活動支援の自治体施策，また事業面では，介護保険，障害者の支援費制度なども推進の力となってきました。国レベルの福祉制度も自治体の政策も財政難を背景に，ますます小さな政府の方向，いわゆる多元的，市場的な供給体制が志向されてきました。市民団体の側からも，法人格は有限会社でもNPOでも問わず，まず事業に取り組んで実績を積み，徐々に行政の評価も認知も得て，一定の補助を得ていこうというスタイルが一般的になりつつあります。

地域における子育て支援施策は，保育制度などと異なり，ようやく90年代後半から注目されてきたこともあり，ピアわらべが苦闘しているように，いろいろな試みが端緒についたばかりという状況です。しかし，NPO法人「びーのびーの」の小さな活動が，「つどいの広場事業」として国の制度となり，政策化されたのがよい例です。

NPO法人ピアわらべの提起するものが実現しうるか，また広がりを持ちうるかは，ピアわらべの取り組みとともに政策主体，特に市町村行政の姿勢と見識にかかっているといえます。

② 地域の中の拠点の大きさ

2つめには，ピアわらべの事業規模です。

もちろん，ピアわらべは，認可保育園，あるいは横浜保育室などの一定限安定した事業をベースにすることも不可能ではありませんでした。しかし，あえてこの居場所活動を，1軒の家の大きさの事業の中で，きわめて家庭的で，親子とスタッフとが顔がみえる関係で，地域社会とももちつもたれつの良好の関係を維持しようとしてきました。

こうしたサービス規模の適度さ，ほどのよさ，あるいは控えめさというのは，重要かもしれません。子どものために用意された場所なので，子どもには居心地よく，安心して遊ぶことができます。子どもにとって居心地のいい場所は，親自身も解放される場所であり，それが相談のしやすさにつながっていると，わらべのスタッフは分析しています。これ以上サービス規模が大きくなることは，スタッフをさらに増やさなければならなかったり，利用者との関係の質を変えてしまう可能性もあります。

地域の子育て支援の拠点は，子どもにとって居心地がよく，身近な場所にいつもそこにあるという安心感をもっとも大切にしなければならない視点だとすると，小さなサービス拠点で，しかも包括的に受けとめができる「居場所」的な拠点を政策提起していく必要があるでしょう。

2005（平成17）年の介護保険制度の改正においては，新たに地域における小規模多機能拠点が政策化されたところですが，子育て領域においてもピアわらべをモデルにした拠点がもっと奨励されていいのではないでしょうか。

③ 保育士としての専門性

3つめに指摘したいのは，ピアわらべの最大の特長として，保育士資格をもったスタッフ10数名で運営している点です。

保育園のような施設でない、地域の小さな拠点において保育士が常に親子のニーズに日常的に触れることは、サービスの質に常に敏感になり、高い意識が必要になります。また、ニーズの背景にある生活そのものへのまなざしをもっていなければならないといえます。

　孤立しがちな親子を受けとめるために、ピアわらべのスタッフが努力していることは、「居る」「待つ」「見守る」だといいます。そして「礼儀正しく謙虚に」という姿勢を大切にしています。保育園とは異なる地域の拠点での相談姿勢を遠藤さんは、次のようにまとめています。

図表5－9

　相談に関しては、相手が選んで、この場に来ないかぎりは始まりません。いやだったら次はないのです。相談が相談の顔をして来訪する訳ではありません。重い悩みを抱えている方ほど、悩みを打ち明ける相手を吟味しています。選ばれるためではなく、相手に任せることによって、相談はスタートします。

　ある若い母親が「どんなに親しくしてもママ友には本音で悩みを話せない。次にどんな顔で会えばいいのか分からなくなる。ここに来ると、自分の悩みを安心して吐き出して帰れる」と打ち明けてくれたことがあります。

　人間関係に神経をすり減らしている親は、「保育士」が相手だと、ある意味お互いの立場がハッキリしているので、選びやすく、甘えやすく、頼りがいがある存在なのかもしれません。

　それだけに、私たちは、母親自身が持つ力、育つ力を見守ることが必要です。

　在宅家庭対象の相談は、母親自身の悩みを受容し、傾聴し、家庭での子育てを十分ねぎらうことがまず必要です。そのうえで具体的なアドバイスが必要な時は、実際に家庭で実現できるアドバイスでなければなりませんし、その分、的確な判断やセンスが必要です。明日また会える関係でもないので、安全弁機能も必要で、他の相談機関を情報提供したり、ピアわらべの他の保育士にも相談することをあえて積極的にすすめます。

　受け手側も集団でいることで、お互い支えあったり、検証したり、一人で抱え込まない雰囲気作りが必要となります。相談の受け手である自分を守ることが、相談者を守ることにもなる、と繰り返し、私は伝えます。

　経験豊かな保育士が多いピアわらべのスタッフの視点は子どもの成長・発達だけでなく、その大切な基盤としての親子の暮らしを見つめています。ピアわらべは、生活の視点をもち、親子のニーズに日常の場面で関わることによって保育士としての専門性がさらに磨かれる現場でもあります。その点が他の団体

にない良さであり，強みです。こうした専門職が，固有の現場にとどまらないで，地域に飛び込んでニーズを受けとめ，仕事を開拓している。まだまだ，仕事としてしっかりとした待遇が保障され，質を高めていける条件は整っていませんが，専門職が，使命を感じ，その使命を達成していくために，新たな仕事の領域を開拓する挑戦を続ける勇気ある姿がそこにはあります。

　身近な地域の支援センターとして，高齢者の場合には2006年度から「地域包括支援センター」が設置されます。この地域包括支援センターには，「社会福祉士」を配置することになりました。資格をもつ専門職が，地域の中で，さまざまな社会資源と連携をし，本人や家族，地域の人たちの力を高めながら，必要な支援を提供したり，つなげたりする役割機能を期待されているのです。こうした相談とコーディネーターを担う人材が地域の場に配置され，育成される方向が子育て支援においても検討されていいはずです。その政策化を推進するヒントと材料はピアわらべの実践が少なからず提供できるはずです。

　これからも注目していきたいと考えています。

参考文献

・横浜市子育て支援事業本部『よこはま子育て白書　平成16年度版』横浜市，2005年
・飯田進・菅井正彦『子育て支援は親支援　その理念と方法』大楊社，2000年
・伊志嶺美津子，新澤誠治『21世紀の子育て支援・家庭支援　子育てを支える保育をめざして』フレーベル館，2003年
・奥山千鶴子・大豆生田啓友編『おやこの広場びーのびーの』ミネルヴァ書房，2003年
・山本淳・小林晴美『小児科に行こう！―ドクター＆ナースが，ふたりでおはなしする小児科の選び方，使い方＋症状別安心ホームケア』主婦と生活社，2005年

考えてみましょう

① あなたは子どもを育てている母親だとします。仕事はやめて，家庭で育児をする毎日です。父親は仕事が遅くなかなか育児を手伝ってくれず，実家も近くにありません。あなたなら，ピアわらべをどのように利用すると思いますか。

② あなたは保育園の保育士だとします。自分なら，地域の親子の子育て支援のために，保育園の機能を生かして何をしますか。実際に保育園で行われていることも参考にしながら，考えてみてください。

③ ピアわらべでは，一時保育と親子の居場所活動を同じ建物の中で行い，その中で相談を行っていますが，利用する親子が相談しやすくするために，どんな点に配慮していますか。また，あなたならどんな点に気をつけますか。

❹ 「無表情で暗い親子」子育て支援センターで

　子育て支援センターは，国の特別保育事業の一環として実施されているもので，地域の子育て家庭に対して子育てがしやすい環境を保育所・園等で整備し，子育てについての相談や，子育てサークルの育成および遊び場の開放を行っているものです。
　保育所・園等では別室を設けて専任保育士を配置し，日々地域の子育て中の家庭が親子で来所・通園して利用していましたが，現在は需要が高いため保育所・園以外の施設（たとえば大型スーパーの一角，学校の余裕教室等）を活用して週に数日実施するケースもでてきています。
　この事例は，子育て支援センターに通っていた母子の姿から考えてみたいと思います。
　子育て支援センターに相談の電話が鳴りました。「支援センターを利用したいのですが，他の人が大勢いるのは苦手なので，何時ごろ行けばいろいろと相談にのってもらえますか？」という内容でした。
　午前中は20数組の母子の利用者がいるので（午後はじっくりと相談する人のために利用を少なくするよう協力してもらっている），午後1時過ぎだったらゆっくり落ちついてお話をうかがえます。どうぞご都合のよい時に是非ともお出でください。お待ちしていますよ」と電話をおわりました。

1）相談者の家庭状況

　相談者　A子さん（30歳台）
　子ども　B子ちゃん（2歳）
　夫　C男（30歳台）会社員
　親子3人でマンションに住んでいます。父母の両親は他県で生活しており，近くには親族等もいません。夫の帰宅は早くても8時ごろ。いつもはそれより遅いということです。

来所した母と子どもの表情は暗く，固い。子どもは緊張のためかオドオドしていて，母親も疲れた表情でした。

2）相談内容

子どもがだんだんと大きくなり，思うように言うことを聞かなくなってきました。やがてイライラがつのってきて子どもと二人で自室で過ごすことがつらくなり，子どもがうっとおしく思えるようになってきました。公園に行くにしても近くにはないので，日中はほとんど子ども一人で室内遊びをさせている状態です。そして夫の帰りが8時を過ぎるとイライラがつのり，帰宅した夫にも八つ当たりして怒鳴ってしまいます。いつも，夜はテレビを見せながら夫の帰宅をまっていますが，時には自分の見たい番組にチャンネルを回そうとすると，子どもがリモコンを持って離さず，大声で泣きだし，思わずカッとなって手を挙げ子どもを叩いてしまったこともあります。そして，ヒーヒー泣くとその声に耐えられず，もっと叩いてしまったこともありました。あとで叩いてはいけないと思うのですが，その時には自分の感情を抑えることが出来ませんでした。

近頃は食欲もなく，何をするのも面倒になってきてしまったとのことでした。

3）子どもの様子

相談員と母が話をしているあいだ，保育士が近くに寄り添って人形や玩具を見せながら「一緒にあそばない？」と誘うと，そっと手を出して人形にさわりますが，ただ触っているだけで無表情であり，あまり関心を示しません。

「抱っこ　しようか？」の誘いには小さく首を横に振り，絵本を見せながら読んであげると，聞くともなく聞いています。40～50分過ぎたころより，ようやく室内の物や保育士にも慣れてきた様子で，ままごとセットに近づいて黙ってさわってみたり，積み木を並べたり積んでみたりし始めました。緊張もすこしづつとれてきた様子で，保育士からの問いかけに言葉で「ウン」「ウウン」と言っていました。

この間，泣くことは一度もなく，外見上からは発達も順調であり，変わった

様子は見られませんでした。

4）母親の様子

どちらかというと筋道の通った話し方で，一方的に前述の内容を落ちついた態度で話しはじめました。しばらくすると自分から，かつて精神科にかかっていましたが，その医師と信頼関係がもてず，勝手に通院を中止してしまったこと等を話してくれました。

家から支援センターまで車で25分程度かかる所なので，毎日は来ることができませんが，また体調が良いときには午後遊びにきますと言って帰っていきました。

㋐ その後の様子

2回目に来所した折りに，B子ちゃんも保育所に慣れて，支援センターと1対1の関係で遊べるようになったこともあり，お母さんにもその様子を見てもらいたいと思い，「少しの時間，B子ちゃんを保育士にまかせて，お母さんは体をやすめてはどうですか」とすすめてみたところ，「そうですか。そうさせてもらいましょうか」と言って，部屋の隅の畳に布団を敷き，そこで1時間半位昼寝をしました。

起きてくると，「少しすっきりしました。」と言い，微笑みがでてくるようになりました。

このような日が何日か続いたある日に，相談員が「今度の土曜日，お父さんがお休みなら，お父さんとB子ちゃんで来所されてはどうでしょうか？」「たまにはお父さんに遊んでもらって，その間，お母さんはリフレッシュして好きなことをしてみるという方法もありますよね」と話してみました．すると，「お父さん，土曜日は休みだし・・・言ってみます。出来るだけ来所できるようにしたいです」と言って帰宅しました。

このようにして，次の土曜日には，父子の来所が実現しました。

5）父親からの聴取内容

「精神科の医師とは，症状がなかなか回復しないことから信用しなくなり，

通院や服薬も中止してしまいました。子どもが成長するにつれて，子どもが母に反抗すると叩いて泣かすということも知っていました。しかし，自分も会社が休めず，帰宅も遅くなるのでどうしてよいか分からず困っていました。出来れば再度精神科に通院させたいのですが，何処かによい病院はないものでしょうか」と聞かれました。

⑦ 支援センターの助言

相談員も病院や医師を紹介することができないので，「最寄りの保健センターへ相談してみては如何でしょうか。電話でも良いと思いますよ」と答えた。また，「支援センターへ来ていただくことはありがたいのですが家から遠距離でお母さんの運転中のことも心配ですし，お子さんから離れてホッとする時間も必要と思いますので，多少の費用はかかりますが一時保育[1]を利用することはどうでしょう」と言い，一時保育のことについて説明しました。

父親は，是非とも紹介してほしいということなので，近くの一時保育を実施している保育所を紹介しました。「早速，母親と相談してみます」と言って父親は帰宅しました。

そこで相談員は，紹介した一時保育を実施している保育所長宛に電話を入れ，今までの状況の概略について説明しておきました。

数日して，一時保育を利用しはじめたことを聞き，支援センターのスタッフも少し安心しました。

6） 事例分析

ア．現代の象徴的核家族であり，近隣との交渉もほとんどなく，育児は母親一人の肩にかかっていて育児の孤立化がみられます。

イ．母親の病気の発症は出産後とのことでしたが，心理的なサポートをする人や場所が身近になく，ストレスを抱え込む状態が続いていました（子どもの祖父・母とも，子育てについての電話相談等は交わしていないとのことです）。

ウ．子どもの成長・発達に伴って運動能力も高まり，行動範囲も広がってきたり，自我の発達によって自己主張もでてくると親の指示通りにはいかないこ

と多くなり，母親のストレスをますます増加させていきます。

エ．自室での子育てだけでは，母親も子どもも良い刺激や気分転換による解放感が得られず，お互いにマイナス面のみが出てしまいます。子どもが母親への愛着行動を出したくても，母親が受容できない心理状態のため，子どもは表出や表現が次第にできなくなってきて悪循環となってきます。

7）今後考えること

子育て支援センターは母子で利用する所でありますが，ここで，しばらくの間母子分離することでお互いの独立した時間を保障し，母子とも少しでも穏やかさと明るさが出てきて良い方向へ向かうことを期待し，また，子どもの保育所での時間を確保することで集団の中での生活経験をさせることを考えて一時保育をすすめました。

しかし，母親の病気治療を考え合わせると長期間が必要であり，母子ともに健全な生活が営めるためには一時保育の利用以外にどのような支援のあり方がよいかを考えることが問われます。

8）予測される方策として

ア．保健センターとの連携による母へのケアと専門医の紹介

イ．母への専門医による継続的な治療

ウ．B子ちゃんの保育所・園への入所・園により，母の育児負担の軽減と通院のサポート

エ．保育所・園の保育士による母への子育て相談や父親への育児参加の仕方等の助言

考えてみましょう

① その他にもさまざまな公的機関の活用が考えられると思います。みなさんは，どのような公的機関を利用したらいいと思いますか。考えてみましょう。
② 自分の住んでいる地域で，どのような子育て支援活動が行われているか，条例，行政の支援体制，NPO活動などを多角的に調べ，法制度との関連をまとめてみましょう。

❺ 児童館の事例

1）はじめに

児童館とは，児童福祉法第40条による児童福祉施設の中の児童厚生施設とよばれ，屋内型の児童厚生施設であり，全国に4,600館以上あります。また，屋外型としては，児童遊園という遊具等を備えた屋外の遊び場があります。

では，まず児童館とはどのような施設なのかということから説明しましょう。あなただったら，どのような所をイメージしますか。子どもの遊び場・子どもの集会場といったところでしょうか。児童福祉法の中で，次のように定義づけています。

> 第40条　児童厚生施設は，児童遊園，児童館等児童に健全な遊びを与えて，その健康を増進し，又は情操をゆたかにすることを目的とする施設とする。

つまり，児童館は，子どもたちに健全な遊び（集団遊び・自然遊び等）を与えて，心身の健康を増進させ，心豊かで思いやりのある，そして人間性豊かな子どもたちを育てることをねらいとした施設なのです。そしてまた，児童館は「遊び」を中心とした健全育成活動を展開する唯一の施設であるともいえるのです。

児童館の利用対象者は，0歳～18歳未満の子どもたちとなっていますが，もちろん，保護者・地域の人びと等，おとなも自由に利用できる施設なのです。子どもたちに遊びを提供しながら健全育成活動を展開していく訳ですから，遊具の充実と職員（児童厚生員）による遊びのプログラムが用意されているなど，いつ行っても楽しめる遊びの工夫がたくさん集まっている所なのです。

① 児童館の種類及び機能（改訂版『児童厚生員ハンドブック』児童健全育成推進財団発行　より）

児童館の種類及び機能については，1990年8月7日厚生省発児第123号厚生事務次官通知及び同日付児発第967号厚生省児童家庭局長通知により，次のよ

うに示されています。

◇ 小型児童館

小型児童館は，小地域を対象として，児童に健全な遊びを与え，その健康を増進し，情操を豊かにするとともに，母親クラブ，子ども会等地域組織活動の育成助長を図る等児童の健全育成に関する総合的な機能を有する施設である。

◇ 児童センター

児童センターは，小型児童館の機能に加えて，遊び（運動を主とする）を通じて運動に親しむ習慣の形成，運動の仕方，技能の習得，精神力の涵養等による体力増進を図ることを目的とした特別の指導機能を有する施設である。

◇ 大型児童館

※大型児童館は，原則として，都道府県内又は，広域の児童を対象とし，一定の要件を具備した児童館をいい，次のとおり区分される。

○ 大型児童館　A型児童館

A型児童館は，児童センターの機能に加えて，都道府県内の小型児童館，児童センター及びその他の児童館の指導及び連絡調整等の役割を果たす中枢的機能を有する施設である。

○ 大型児童館　B型児童館

B型児童館は，豊かな自然環境に恵まれた一定の地域（こども自然王国）内に設置するものとし，子どもが宿泊をしながら，自然を生かした遊びを通して協調性，創造性，忍耐力，を高めることを目的とした児童館であり，小型児童館の機能に加えて，自然の中で子どもを宿泊させ，野外活動が行える機能を有する施設である。

○ 大型児童館　C型児童館

C型児童館は，広域を対象として子どもに健全な遊びを与え，子どもの健康を増進し，又は，情操を豊かにする等の機能に加えて芸術，体育，科学等の総合的な活動ができるように，劇場，ギャラリー，屋内プール，コンピュータ・プレイルーム，歴史・科学資料展示室，宿泊研修室，児童遊園等が適宜付設さ

れ，多様な子どものニーズに総合的に対応できる体制にある施設である。
　◇　その他の児童館
　その他の児童館は，上記以外の児童館であるが，それらの児童館と同様に児童福祉施設最低基準に定められている児童館の設備，及び運営に関する要件を満たすものであって，公共性及び永続性を有し，かつその設備及び運営については，それぞれの対象地域の範囲，特性及び対象児童の実態等に相応したものである。

参考資料・児童福祉施設最低基準（昭和23年12月29日）（厚生省令第63号）
　　　　　　　　　　平成12年10月20日厚生省令第127号改正までの内容
　児童福祉法（昭和22年法律第164号）第45条の規定に基き，児童福祉施設最低基準を次のように定める。
児童福祉施設最低基準
第六章　児童厚生施設
（設備の基準）
第三十七条　児童厚生施設の設備の基準は，次のとおりとする。
一　児童遊園等屋外の児童厚生施設には，広場，遊具及び便所を設けること。
二　<u>児童館等屋内の児童厚生施設には，集会室，遊戯室，図書室及び便所を設けること。</u>

---

　②　児童館の職員について
　児童館の大きな特徴として，子どもの遊びを指導する専門職員がいることがあげられます。児童厚生員と呼ばれていましたが，1998（平成10）年の児童福祉施設最低基準等の一部を改正する省令（平成10年厚生省令第15号）により「児童の遊びを指導する者」となりました。しかしながら，現在でも全国の児

童館では，児童館職員のことを従来どおり児童厚生員と呼んでいるところが多いようです。

　ここでは，児童館での児童福祉の事例を紹介していく訳ですが，この児童厚生員の子どもたちへのかかわり方，アプローチがとても重要な役割を担っているのです。遊びを指導する者というようにいわれていますが，学校教育のように遊びを一つひとつ教え，そして指導していくという手法とは異なっているのです。それは，「子どもの自由に任せ，そして見守る」ということを第一にしているところです。子どもの遊びの特性でもある「あくまでも自発的な活動」であり，そして「心地よい活動，続けていたい活動」というものを「子どもの遊び」と捉えているからなのです。したがって児童館では，児童厚生員が遊びに来た子どもたち全員に対して同じ遊びをさせるということは，一部の事業的行事を除いてはありません。子どもたち一人ひとりの気持ちや主体性を第一にしているのです。

> 参考資料（前出の児童福祉施設最低基準より）
> （職員）
> 第三十八条　児童厚生施設には，児童の遊びを指導する者を置かなければならない。
> 　2　児童の遊びを指導する者は，次の各号のいずれかに該当する者でなければならない。
> 　　以下，詳細は省略
> （遊びの指導を行うに当たって遵守すべき事項）
> 第三十九条　児童厚生施設における遊びの指導は，児童の自主性，社会性及び創造性を高め，もって地域における健全育成活動の助長を図るようこれを行うものとする。

　児童厚生員は，単に子どもの遊びの相手をしていればいいということで

はありません。いろいろな遊びの技術を習得しておくのは当然ですが，それ以外に，子どもたちの心身の発達や疾病等に関する知識や理解を得ることや，障害児理解にかかわる内容についても学習を深めたり，児童館で行われるさまざまな事業（放課後児童健全育成事業・子育て支援事業・思春期児童対策事業など）についてもその理解と活動の実践力が求められるのです。

そのために児童厚生員は，さまざまな研修に参加したり，他の児童館との交流等から自分の健全育成に関する専門知識や技術のスキルアップを図ったり，さらに高いモチベーションを抱いて自己研磨に努力しているのです。最近では，行政や地域から「子どもの居場所としての児童館」の必要性を求められたり，不登校やいじめなどに悩んでいる児童生徒への支援・援助についても協力を求められたりしています。時代の変化とともに，児童館や児童厚生員に求められる内容についても少しずつ変化してきているのです。

そうした児童厚生員に求められる子どもたちに関する広い分野の知識や理解，そして技術の習得を目的とした研修を偏りなく受けられるよう児童健全育成推進財団では，児童厚生員の研修を体系化し，さらには，児童厚生員の資格認定制度を実施している。

その児童厚生員の資格（児童健全育成推進財団の定める任意資格）について以下に示します。研修体系や内容の詳細については，財団のホームページを参照して下さい。　→　http://www.jidoukan.or.jp/

【児童厚生二級指導員】
児童厚生員に要求される基礎的な専門的知識と技術を習得した者とする。

【児童厚生一級指導員】
二級で習得した基礎的な専門知識と技術を基に，地域のコーディネーターとして機能することと，リーダーとして児童館の中核となりうる資質を習得した者とする。

> 【児童健全育成指導士】
> 　児童館事業全般にわたりスーパービジョン機能を果たす立場であると同時に，児童福祉向上の世論形成者と認められた者とする。

　児童厚生員の研修は，ここで示した児童厚生員資格認定研修だけではありません。日々，児童館の仲間同士の事業への振り返りや見直し，そして，地域のさまざまな人からのアドバイス等を自分の専門性向上のために意欲的に積み重ねていくことも，とても大切な研修であるとも言えるのです。
③　児童館の活動・事業について
　児童館では，どのような活動が行われているのか，ここで少し紹介しておきましょう。
　児童館は，0歳児から18歳未満の子どもたちを対象にした施設でありますが，午前中は，小学生以上の子は学校に通っているため，来館することはほとんどなく主に幼児連れの親子での利用が多くなっています。また，いろいろな理由で小中学生が午前中から児童館に来ているということもここ数年増えてきました。
　ほとんどの児童館・児童センターでは平日の午前中は，幼児教室とか子育て交流サロンなどという事業を展開しています。火曜日は2歳児までの（仮称）たまご教室，木曜日は3歳児の（仮称）ひよこ教室といった事業を開催しています。幼児連れの親子が，のびのびと遊んだり，他の遊びに来ている友だちとさまざまな活動を共にできるのです。また，その行事に併せて，育児・子育て相談等も実施しています。
　まず，児童館活動として代表ともいえるのが「子どもの遊び」です。室内での自由工作・読書・体操……といろいろな活動が思う存分にできる所なのです。普段はなかなかできない「ちょっと変わった遊び」や「自然体験活動」等を週末に実施しているところもあります。自主的な遊びばかりではなく，児童厚生員のファシリテーションによる「遊びのプログラム」という児童館事業を年間計画に位置づけて充実させているところもあります。

つぎに，最近急速にニーズが高まって来ているのが，「放課後児童健全育成事業」です。通称「学童保育」「児童クラブ」あるいは「留守家庭児童会」などともよばれていますが，地域によってその呼び名はいろいろです。おおむね小学1年生から3年生までの昼間家庭に保護者等がいない子どもたちに，健全な遊びと生活の場を与えて健全育成を図る事業です。児童館が，この放課後児童クラブを実施しているところが全国には多くあります。この放課後児童は，年々共働きの夫婦の増加とともに増え続けています。その他に，多様化する思春期の子どもたちの問題への対応や居場所づくりの必要性から思春期児童のための予防や支援事業を中心にした活動を展開しているところもあります。

また，障害児の地域での生活圏拡大を目的として，いろいろな友だちとの交流を進めるために児童館が，積極的に障害児を受け入れ，ユニバーサルデザインに満ちた児童館づくりに努力しているところもあります。

その他の児童館事業には「相談事業」というものがあります。児童館職員が子どもや親に対していろいろな相談に乗るもので，遊びを共にしながら解決策を見出したり，また自由な時間に十分に児童厚生員と話を交わすことで解決，または支援になるということもよくあるようです。

2）事例
① 一人の女の子とのかかわりを大切にした児童館での事例（児童厚生員のかかわり方）

小さい頃から毎日学校が終わると児童館に遊びに来ていた中学1年のA子ちゃんがいました。児童館で実施している遊びのプログラムにはずっと参加していますが，時にはスタッフの手伝いなどをしながら，とにかく児童館が大好きで毎日通って来ていました。

休日などは開館から閉館まで自分で作ったお弁当持参で遊びに来ていることもありました。

そんなA子ちゃんがある日，こんなことを女性の児童厚生員に話しました。「おかあさんが死んじゃった。でもお父さんと大好きなお兄ちゃんがいるから

平気だよ。」って。

「ごはんは、どうしているの」「私とお兄ちゃんで交代で作っているの。」「洗濯とか、掃除は…」「全部自分でしているよ。」そんな会話をしていました。しばらく遊びに見えなかったのですが、1月位たった頃でしょうか、また以前のように時々遊びに来られるようになりました。児童館スタッフも「A子ちゃん、元気が出てきて良かったね。」という話が交わされるようになりました。一年位経過したある日、朝の新聞記事に私たち職員は絶句しました。A子ちゃんの大好きな、そし誰よりも何よりも頼りにしていたたった一人のお兄ちゃんが、通学途中バイクで事故死してしまったのです。児童館スタッフも全員で心配をしていましたが、一週間後の日曜日、A子ちゃんは児童館にやって来ました。

仲良しの女性の児童厚生員のところにまっしぐらでした。午前中に来て、遊びのプログラムをやりながらずっと話をしていました。お昼を一緒に食べて、夕方までずっとその児童厚生員の側で話をしていました。その間、お互いに何かを必死に押さえているものがあったように見えましたが、その児童厚生員は、A子ちゃんを見送った後、事務室で号泣してしまいました。まわりの職員も皆、会話を無くしましたが同じように涙を流していました。

② 児童館に来館されていた親子への個別援助の例

週に2～3日午前中に、3歳のBくんを連れてくるお母さんがいました。母親はいろいろな家庭の事情を抱えていました。またその子どもには、少し他の子どもたちよりも発育の遅れの部分があるようでした。

その母親は、来館されると子どもを遊ばせながら児童厚生員とゆっくりと話をされていく方でした。Bくんも他の子どもたちと遊びに夢中になっています。ある日、その母親が突然職員にこんなことを話しました。

「私は、近所に同じような年頃の子ども持ったお母さんがいないのでとても寂しい思いをしています。子どものことでも話をする人がいないのです。先日入りたいと思って近所の保育園にこの子を連れて行ったら、うちではお預かりできませんと言われてしまいました。それは、この子に遅れがあったからかも

しれませんが，どうしていいのか分からなくて。また，その保育園のお母さんたちからも冷たくされました。私は相談する相手もなく，とても寂しかったのですが，いつもここに来ると職員の皆さんがゆっくり話を聞いてくださるので，とても気持ちが落ち着くのです。この子も他に遊びに連れて行くところがないものですから…」と最後は元気なく話を終わりにしました。

その後もずっと同じように，児童館に親子で遊びに来ていましたが，その間の子どもの言葉の数や活動の様子，そして友だちとのかかわり方などからその成長は目をみはるものがありました。また母親の顔の表情もとても明るくなっていきました。どの職員が対応しても同じようによくお母さんの話を聴いてあげたことと，その子どもを他の子どもたちの中でいつも遊ばせるようにしたことがよかったのかもしれません。

3）事例分析

① この事例の場合，児童厚生員が普段からＡ子ちゃんととてもよく話を交わしていたことが良かったことの最初にあります。児童厚生員が子どもとかかわる時の基本である一人ひとりをよくみて，その子の求めている遊びの手伝いや支援をしていくという構えが大切なのです。このＡ子ちゃんの場合は，日頃より児童館に遊びに来ていましたが，来館の目的に「お姉さんとたくさん話がしたい。一緒に遊んで欲しい。」という部分が大きく，小さいときからそのようなかかわりを求めて遊びに来ていたということが，Ａ子ちゃんへの支援の基本となったのです。今回のＡ子ちゃんへの個別援助としては，話をよく聴いてあげるということと親や兄を亡くした寂しさに対する励ましということが必要であったでしょう。この児童厚生員がＡ子ちゃんが自分の側にいたいことを察知し「居たいだけここにいていいよ」「一緒にお昼食べようよ」「午後は，遊びの工作だけど手伝ってくれる」などと声をかけ，「側にいるからね」ということを伝えてあげたことがとてもよかったことになったのでしょう。

ここで，このようなかかわりができた背景には，このＡ子ちゃんを相手した児童厚生員の温かなな人間性と個別援助活動の技量ということも欠かせません

が，もっと大切なことは，同じ児童館職員がこの相手をした児童厚生員と変わりなく同じように，仲間がA子ちゃんに接することが今一番大切なことということを理解し，勤務シフトやその日のプログラム担当の変更などを手早く準備し，A子ちゃんを支えてあげようという体制を児童館あげて準備できたことでもあります。実際に相手をして個別援助をしているのは一人の児童厚生員だけですが，その後ろや周りでスタッフ全員で支えていたことも理解しておきたいところです。

② この場合は，子育て中のお母さんが話し相手になってくれる人が自分の生活の周りにいないということと，子どもも障害を抱えていて，友だちが少ないということが個別援助にかかわる場合の押さえておきたいところです。このお母さんは，進んで児童館に通ってきてくれていたので，その時間を利用してかかわりや支援を上手にしていくことができたのです。お母さんとは，児童厚生員が幼児の遊び相手をしながらの世間話から始まりました。近所の遊び場の様子，保育園の様子……。そんな中からひとつ2つと今かかえている問題という部分がみえてきました。① 誰も話をする人がいない，② 子どもに障害があるから保育園入園を断られて困っている。ですから，児童厚生員は，まず十分に話しの相手になってあげることで最初の問題については，かなりの援助になったことでしょう。

また，プレイルームで遊びながら児童厚生員が他の遊びに来ている親子との交流が持てるように，幼児遊びの相手をしながら交流できるようにコーディネートをしていくことでちょっと顔見知りのお母さんができたとか，話を交わす相手ができたなど，同じ子育て中のお母さんの仲間ができていったことが大きな成果にもなったようです。

子どもにとっても，家の方ではなかなか友だちがいないということなので，児童館で他の子どもたちと集団で遊べるということは，単に遊びができるということだけではなくて子どもの発育・発達ということを考えた時に，この時間はとても大切な遊び体験の時間となったことは間違いありません。

子どもの障害の問題も、今までは一人きりで抱え、相談する場所も解決策も分からず気持ちが沈んでしまうという生活だったようです。しかし、児童館での児童厚生員のかかわりやいろいろなお母さんとの交流から、障害をもつ子どもの問題の専門の相談窓口があることや、障害があっても通える保育園があることなどを知り、気持ちが楽になったのです。

児童厚生員がお母さんの話し相手になってあげたことはもちろんですが、大切な役割として、他のお母さんの友だちをつくってあげるということに努力した点であると考えられます。

また、お母さんたちと子どもたちの中に入って、一緒に遊んでいながらみんなを繋ぐコーディネーター役をしっかりとしていったことが、大きな成果となって返ってきたのではないでしょうか。

4）まとめ

児童館は、「児童に健全な遊びを与えて育成する」という目的の施設であることは先の説明のとおりですが、児童厚生員には、子どもの遊びの相手だけではなく、事例のように心のよりどころとして児童館にやってくる子どもたちや、話し相手がいない子育て中の母親などともうまく付き合える技量や経験が求められているのです。

それぞれがケースワークになりますが、親身になって話を聴いてあげたり、時には必要な情報（教育や福祉、または専門の相談機関に関すること等）を集めて提供したりということも必要になってきます。

また、子どもが児童館で遊んでいる場合ですが、場合によっては児童厚生員の援助が必要な時があります。子ども自身に、ひとりで遊んでいたいという気持ちがある場合や知らず知らずに遊びに熱中しているような場合は、見かけは一人ぽっちでも児童厚生員が声をかける必要はなく、子どもの気持ちを尊重してあげなくてはなりません。

しかし、もしかしてその子が遊びに入りたいのだけれどなかなか入っていけないということであったり、友だちに故意に仲間から外されたりしたことであ

った場合には，適切なアドバイスが必要となってくるでしょう。ですから児童館では子どもたちの遊びについてまずは「見守る・任せる」ということが大切ではありますが，一人ひとりをよく見たり，話したりしながら「今，この子は何を求めているのか」ということを考えながら接していくことが大切なのです。

　児童館は，近年地域の子育て支援施設としても重要な機能を有しています。子育て教室等の開設はどこでもしておりますが，母親の抱えるいろいろな悩みや思いに対して，聴き手としての役割の他に早急な対処やアドバイスが必要になってくる場合もあります。

　たとえば，児童館で親子で仲良く遊んでいたかと思うと，時々怒鳴り上げて手を出してしまう親に対しては，「どうしたんですか」などとアプローチをしてよく話を聞いてあげなくてはいけません。「このところ子育てに疲れていて，ついつい…」というような親は大したことではないということかもしれませんが，「子どもを虐待してしまっている」ということも考えられるからです。

　そのような場合は，それこそ十分に話を聴いてあげたり，「一度このようなところを覗いてみてください」と専門の子育て相談員の方がいる所をお薦めするなどしてあげるべきなのです。

　児童館での児童福祉の実践的な課題は，子どもの遊びを子どもの自主性に任せ，その中で一人ひとりをよくみていくということと，母親等子育て中の親のもつ悩みなどをよく聴き，適切に対応し元気づけてあげられるような話が適時できる力量も必要となってきます。

参考文献

- 児童健全育成推進財団「児童館講座〈1〉改訂版『児童厚生員ハンドブック』2005年
- 柏女霊峰編『改正児童福祉法のすべて　児童福祉法改正資料集』ミネルヴァ書房，1998年
- 児童手当制度研究会監修『児童健全育成ハンドブック　平成17年度版』中央法規，2005年

考えてみましょう

児童館に時々遊びに来る小学生がいます。午後の4時過ぎ頃になると，児童館の中も外も放課後児童クラブの子どもたちと児童館に遊びに来た子どもたちでいっぱいになり，大賑わいになっていますが，その子はプレイルームの端でぽつんと一人で本を見ています。あなたが児童厚生員だったらこの子に対して，どのように接しますか。考えてみましょう。

❻ 親の会の事例

1）不登校生徒のかかわりの中で
① 文部省の「スクールカウンセラー活用調査研究委託事業」として中学校へ

　1995年度より当時の文部省は全国の公立小・中学校及び高等学校へスクールカウンセラーとして臨床心理士を派遣しました（2000年度より全国の公立中学校へスクールカウンセラーの配置）。当時全国の公立の学校でいじめ，校内暴力，不登校など児童・生徒の抱えている課題を心の専門家が対応することによってどういう結果が得られるかの試行的措置でした。ここでの臨床心理士の立場は教師と違って，生徒一人ひとりの言語的表現，非言語的表現から心の症状を理解し，共感することによって生徒の心の意味を支え，成長を見守り，支えるという役割をもつものでした。

・生徒の実態―教師の見た児童・生徒，カウンセラーから見た生徒

　一般論として，教師は積極的，能率的，効果的に児童・生徒へ働きかけ，時間的流れの中で指導，援助をしていくのです。特に児童・生徒の問題行動が生まれた場合，迅速にその原因を探り修正モデルを提示して指導をしていくことになるのです。これに対して臨床心理士は，児童・生徒の問題行動が現れた場合，まず原因を探るのではなく，その行動はその子どもにとってどんな意味をもつのか，自分はどう考え，理解しているのか，さらに親や教師，周りの友だちに何を問い掛けているのかを観察し，理解し，共感し，どうすれば心が安定し，成長につなげていくことができるのかを，その児童・生徒と一緒に方向性を探っていくのです。

　上記のような状況で，筆者は，1997年度より2004年度までいくつかの公立中学校で勤務し，その各学校で不登校生徒親の会を発足させ保護者と一緒に不登校生徒の支援に取り組んできました。

② 不登校生徒へのかかわり

親の会の立ち上げ（以下の事例はスクールカウンセラーとして勤務した体験の中で修正してあります）。

2）事例概要

① 対象者　中学2年生B夫の保護者

（母親　42歳，父親　46歳　兄　16歳（定時制高校2年）

　A中学校で生徒たちは，一部の生徒を除いては受験勉強に追い立てられているわけではなく，部活にも熱心に取り組んでいました。しかしながら小学校から不登校気味であったり，私立中学校での校風に合わず転校してきた生徒，家庭の事情で親子の関係が保てない等の理由で不登校生徒は全校生徒約400名中19名でした。カウンセラーとして養護教諭と連携を取りながら午前中にその生徒たちと面接をしたり，家庭訪問をしたり，相談室で保護者と面接をしました。このことを一学期間続けているうちに親の気持ちが変化することが子どもたちにどう影響するかが少しずつみえてきました。

　最初の頃は，週1回の割合で家庭訪問をしていましたが，中には明るく話してくれる子もおり，少しずつ元気になり相談室登校をしたり，カウンセラーが出勤しない時にも相談室に登校し，養護担当及び授業のない先生が話し相手になったりし，学期の始めから教室に戻ったケースもありましたが，中には家庭訪問をしても布団に潜り，顔を見せない生徒，部屋に入るが扉の外と中での会話を続け，4ヵ月位通った後に本人から扉を開けてくれた生徒などいろいろな生徒とめぐり合うことができたケースもありました。

② 実施時間，回数，方法

　その他多様なケースの中でいずれも保護者とは必ず面接をしてきましたが，保護者の意識を少しでも楽にさせるきっかけはどこにあるんだろうと考えた時，カウンセラーが共感することも大事ですが，連帯意識と共感が一体になった時保護者の意識が急激に変化することが分かり，養護の先生と相談し，各学校で「不登校生徒親の会」を立ち上げました。その中で，A中学校では，ある

年の19名の不登校生徒の保護者に説明し，参加をよびかけたところ，平均して12～3人（夫婦で見える方が毎回2～3組）が参加し，学校側はカウンセラーと養護教諭が参加しました。通常は土曜日の午後に行いましたが，その曜日・時間ではどうしても時間が取れない保護者もいましたので3回に1回は別の曜日の夜6時ごろから始めました。

　1回は，大体3時間くらいで，自由な雰囲気で最初の1時間くらいはおいしい食べ物の話，旅行の話，ニュースの話等楽しい話から入り，話の中で自分の子どもの不登校に関わる事柄があるとそこから一気に自分の悩みを語りだしました。そこから他の保護者も今の最大の悩みについては話し始めることが多かったようです。カウンセラーや養護教諭は特に平均的に話をさせるようなことはしませんでしたが，不思議なことに，参加者は自分のことを話したくて参加するため一言も話さないで帰ることはありませんでした。

　③　親の会の支援経過

　B夫の兄も中学2年生から不登校になっていました。何とか卒業して定時制高校に入学を許可されましたが，入学式と翌日行ってその後登校せず。担任の家庭訪問などの努力で週1回のペースで登校を続けています。兄の不登校の理由については，母親によると，友だちが陰で自分の悪口をいうので学校が嫌になったというが，担任や友だちに聞いてもそれらしい原因がつかめなかったということです。しかしこの兄の行動は，それを見ていたB夫に大きく影響したようです。

　④　B夫の不登校の原因

　小学校は病気以外休まず学校に通っていました。中学校2年の春の運動会に参加するのを渋っていましたが，親及び担任の説得で参加することができました。2学期になり合唱コンクールに参加するのが嫌で親や教師の説得にもかかわらず結局参加できませんでした。それ以降週に1，2度登校しましたが，2学期の後半から全く登校しなくなりました。カウンセラーが家庭訪問しましたが，顔を見せず会いたくないとかたくなに拒否続け，母親と面接をして帰って

きました。

⑤ 家庭訪問での本人の状況

B夫が不登校気味になった時，家庭訪問をすると渋々であったがカウンセラーと会うことができました。その時は，テレビゲームやカードゲームの話をしながら，学校には友だちもいないし，勉強も分からないので面白くないと話していました。その後完全に不登校になってからは，カウンセラーが訪問すると布団に潜って寝たふりをすることが多くなり，それでも少しの時間一方的に話し掛けほとんど反応がないまま数回が過ぎ，訪問をしばらく打ち切ることにしました。

⑥ 親の会で

B夫の母親は兄のこともあり，B夫を一生懸命育ててきたつもりであり，B夫が不登校になった理由は思い当たらないが自分で何とかしなければならないという責任感は人一倍強いようでした。カウンセラーと話し合いを重ねるに連れて自分の育て方への整理と自分の子どもへの話し方の傾向を理解し始めたようでした。

B夫の母親は親の会の発会式から積極的で，毎回ほとんど休むことなく，B夫が卒業してからも出席し，話の仲間に加わってくれました。事例の中でB夫の母親の発言は話し合いの間に出されたものですが，特に彼女の発言が前向きで意味があると思われた内容を中心にまとめました。

○月○日　初回　11名が出席　学校側から校長（初回のみで，挨拶の後退席），養護教諭，カウンセラーが出席。毎回原則的に学校側から二人が出席しました。これは公平性を保ち，誤解を招かないためです。

最初カウンセラーから，「親の会」の趣旨説明を行いました。

ア）この会は決して強制的に参加を促すものではないこと。イ）第1の目的は現在抱えている子どもの問題で親としての責任を追究したり，反省を求めるものではないこと。参加者は他の参加者にこれらの発言は決してしないこと。ウ）保護者自身が辛いことがあれば，その辛さを少しでも和らげることが目的

であること。エ）話の内容は，親の趣味，ファッション等必ずしも子どものことでなくてもよいことを申し合わせました。

　しばらく沈黙の後今何が楽しいかを話題としました。その中で食べることの共通の話題が見つかり，参加者全員が話題に参加できました。

　母１「せっかく一生懸命料理を作っても家族の誰もおいしいともまずいともいわないのよ。嫌になっちゃうわ」

　母２「家の子なんか，お菓子ばかり食べて私の作った料理を食べようとしないのよ」

　Ｂ夫の母親「兄の時は，私が作った料理を食べないどころか，それを私に投げてきたことが数回あって，もう全てが面倒くさくなって本人が希望するスナック菓子だけのことがしばらく続いたのよ。今はＢ夫に対して私の料理に本人の好きなスナックを少しだけ一緒に出しているの」

　という話題からこの日は不登校の子どもが家で何を食べているのか，母親の作った料理に対してどのような反応を示しているのかが中心となりました。このように毎回結局は一つのテーマを中心に子どもと母親，父親の関係が話題となりました。これらの答えを探すというよりおしゃべりを通してカタルシス作用として機能したようです。

　〇月〇日の会話から（４回目　11名参加　２組夫婦で参加）

　この回は，それぞれが人生数十年生きてきて中学校，高等学校時代など辛かったこと等が話題になりました。母親自身がいじめられたこと，死にたいと思ったことなどが語られ，今の自分の子どもの不登校と比べてどちらがより辛いかということになりました。

　母１「私が中学生の頃，仲良しだった友だちが裏切って，別のグループに入って私をのけ者にした時はとても辛かった。でも頑張って学校に行き，そのことで学校を休まなかった。それに比べたら，家の子は弱虫なのよ。本人もどうして学校にいけないか説明できないし，それを見ていると私までイライラしてしまうけれど，私が子どもの頃の方がもっと

辛いわ」

母2「私は家で『学校』という言葉を使うと急に大声を出したり，掴みかかろうとしたりしてその時は涙が出てきて悔しくなるんです。その場に主人がいて見ていても自分は関わろうとしないのよ。こんな時母親をやめたくなるし，何もかも投げ出したくなるの。私が子どもの頃も嫌なこともあったけれど，今考えるとたいしたことがないと思えるの。今の方がずっと辛いわね」

など，それぞれどちらがより辛かったとはいえないが，これらの会話を通して半分以上の保護者が自分の子どもが本当はちっとも辛いのではなく，ただ甘えであったり，怠けであったりしているのではないかと考えているようでした。だからといって子どもに厳しくしたり，突き放してしまおうという意見は出てきませんでした。

B夫の母親「私は兄の時から不登校ばかりでなく，壮絶な兄弟げんか，家庭内暴力を経験してきたせいか，私の子ども時代と今と比較することより子どもとの関係が険悪になった時，その状況をどのように打破しようかとばかり考えてきた。だからこそ今の私の時間を大事にしようと思っているの」

このB夫の母親の発言に参加者は納得していたようでした。このB夫の母親の過去へのふり返り発言が，他の保護者にもふり返り発言をもたらしてくれました。

○月○日の会話の中から（8回目　9名参加　1組のみ夫婦1で参加）

保護者同士の話し合いでカウンセラーは基本的には黙って聞いているだけでしたが，時折，しゃべらない保護者に話しやすいよう声がけをしました。

ある母親が40代のおしゃれについて話した後，

母1「娘のかばんを見たら香水とブラシと口紅が入っていて，勉強道具が一つも入っていないんですよ」

カウンセラー「それでお母さんはなんとおっしゃったのですか」

母1「『あんたは学校に行かないでいったい何を考えているの。あんたはまだ若いんだから化粧なんかしないでも肌もきれいなんだから』といったんです。そしたらぷいっとして自分の部屋に入ってでてこないんです」

母3「私なら娘に化粧の仕方をアドバイスすると思いますよ。もっとも気に入らないと嫌がられるかもしれませんがね」

父1「いいな，家では家内と娘はほとんど口をきかないので困っているんです」

するとB夫の母親「私は最近いらいらすると主人に運転してもらってドライブに行くようにしているの。都内をぐるっと周っておいしいコーヒーを飲んで1時間ぐらいで帰ってくることが多いですけどね。帰ったときは平静になって子どもたちに明るく振舞えることが多いのよ」

母4「いらいらといえば，息子の言葉何とかならないですかね。"ざけんなよ""まじでよ……""おれだけじゃねーよ"などどう答えたらいいんですかね」

するとB夫の母親が「私も以前息子から同じような言葉を何回も浴びせられたけれど，"ふざけていないのよ，真面目に話しているのよ""あらみんなもそうなんだ"と息子に合わせていたら少しずつ言葉のキャッチボールが変わってきたみたい」

―そこでB夫の母親は話をしていて自分の気持ちにゆとりの笑顔が見え，カウンセラーには少し余裕でできたのかなと感じられました。

○月○日の会話から（20回目　3月　12名参加）

B夫にとって卒業が近くなり，その他の3年生の保護者にとって進路が心配になり3年生の保護者全員6名が参加しました。

校長と不登校生徒の保護者と生徒自身（登校できた生徒2名）の面接により卒業できることになりました。その中でそれぞれの保護者が子どもと話し合い，定時制高校か通信制高校（サポート校）に一応決まったが，実際に通ってくれ

るか心配している話題が多くでました。
　するとB夫の母親「兄のほうが最近中学の時〜すればよかったとしきりに言うようになった。するとB夫が昼間は兄の働いているコンビニでアルバイトをして定時制高校に通うと言い出したんです」
　　母1「いいわね。家の子なんか今でも昼間寝ていて，夜はゲーム三昧なんだから」
　　B夫の母親「家の子は，今まで兄の行動を見ていたみたい。B夫が兄と同じように昼夜逆転し，ゲームばかりしているのを見て兄のほうが変わってきたのだと思います」
　　カウンセラー「兄の自分への見返りができるようになり，本格的なおとなへのスタートがB夫君の心を動かしたのだと思いますよ」
　○月○日　B夫は3月の卒業する1週間前に登校し，自分の口からコンビニではなく近くのレストラン（知り合いの店）で働き，できれば定時制高校に通いたいと意欲を示し，卒業式当日の午後校長室で，多くの教員に祝福されて卒業証書を受け取ることができました。

3）事例分析
　① 親の会に期待すること
　○子どもの独自性の尊重
　　親は自分の子どもの可能性を信じたいが，何も信じられない状況があります。ところが他の保護者と話をしているうちに自分の子どもが持っているかもしれない宝物（セレンディピティテー）を見つけようとするようになります。この宝捜しは子どもの別の側面からの理解につながるのです[1]。
　○成長への信頼
　　子どもへの成長の期待が高まり，それを子どもに向けてのメッセージとして表現することによってピグマリオン効果が表れるのです。これは，子どもの良さを絶えずメッセージとして発信続けていくことによって子どもは自分の良さを認識し，それに応えるような行動を伴っていくことを意味す

るのです[2]。

○子どもへの共感的理解の学習

　これまでの家庭での子どもとの会話を思い出し，その中でいかに共感的理解をしていくことが大切なのかを知るのです[3]。共感的理解を習得するようになると子どもとぶつかることが少なくなるため，子どもにとっても，保護者にとっても気持ちが楽になり，相手に対しての思いやりが深くなるのです。ただし，社会的適応の現実原則に対する支援（家庭内暴力など第三者に被害をもたらす内容）については個別的に時間を取って対応する必要があります。

○個々への具体的援助

　親の会へ参加する保護者のほとんどが最初は自分の子育ては失敗であったと思っており，子育てで，何が成功で，何が失敗かについていろいろな考えがあることを学びます。そこでの大方の前提は，不登校の子どもであってもその子どもが存在することがかけがえのない大切なことであり，その子の存在が自分にとって生きがいであること。さらにその子どもは自分の子どもであることで感謝の気持ちが湧き上がってくること。このことは個人で考えていたり，個人的なカウンセリングではなかなか得ることのできない要素ですが，共感しやすい親の会の中では非常に効果的に得ることができるといえます。

② 親の会での保護者及び子どもたちの変化

　最初参加した親は，少しでも子どもの不登校を治す方法のヒントを得ようと，多くの質問をしたり，逆に何も期待しないでただ聞いているばかりのことが見受けられました。それでも2・3回参加しているうちに母親自身が別の意味で自分自身の問題を抱えていることが多く，その自分の問題に気がつき始めると，この親の会に頻繁に出席し，その問題をまず解決しようとするときに自分の子どもの不登校問題への関わり方の変化が始まるといえます。親の会を始めて数ヵ月頃経った。最初の変化は，母親自身の気持ちが楽にな

ったということです。自分の責任で子どもが登校しなくなったので自分で何とかしなくてはならないというあせりが子どもとの関係をさらに悪化させていくことに気がつき，自分の何が変えられるのだろうかと動き始めたのです。その後父親が参加している保護者の話を自分の夫に報告しているうちに他の父親も自分から一度参加してみようかということになり，B夫の父親が母親と一緒に3～4回に1回参加するようになりました。

　不登校生徒の前向きへの動きは多くの3年生の進路が決定し始める頃が多かったのですが，この時期に父親，母親がB夫とどう向き合い，関わるかが大きいといえます。この親の会でもそれぞれの子どもたちの状況や性格によってどう関わるかが異なってきますし，そのタイミングやタブー等について保護者同士の白熱した話し合いが行われました。その中で印象的なことは，それぞれの生徒が学校へ行かないことへの辛さに対して感情の波があり，その波長に合わせて親が寄り添い，波長が合わさった時に手を差し伸べていくと子どものほうから手を握ってくるという表現でした。

　③　親の会と担任との関わり

　不登校生徒の保護者と担任の関係で，スクールカウンセラーはその児童・生徒と担任の関係を把握することが必要です。その時大事なことは，一般的に不登校は担任に対する拒否反応ではなく，担任を通した学校の中の隠れた要素へのメッセージであるということです。しかし多くは子どもの表現は誰かに向けてのメッセージです。社会へ向けてのメッセージでないことが多いのです。そして繰り返しの家庭訪問などを通した面接の中でその児童・生徒は日々心の中でメッセージの相手が絞られ，変化していくのであり，担任はその心の微妙な変化を見逃さず，保護者に前向きなメッセージを与え続ける必要があります。

　上記の関係の中で担任は，原則的には親の会には参加せず必要な手紙等を家庭訪問して届けたり，母親と定期的に面接をして様子を聞くことを中心に行ってきました。この面接でカウンセラーは必要に応じて保護者の了解を得て，「このすばらしい変化をぜひ担任に報告しましょう」と提案してきました。

④ 親の会の意義と課題

　親の会を複数校で開催してみて一番の問題は，できるだけ多くの保護者が参加できる日程をどう調整するかでした。ウィークデーの夕方や，土曜日の夕方，さらに日曜日等いろいろ試みましたが，結局全員の希望をかなえることは難しく曜日を変えて継続していくことが必要です。

　会の進行にあたっては，初めて参加される保護者は，せっかく時間を作ってきたので何か特効薬になる処方箋を求めがちですが，不登校を解消して登校に成功した話をいくらしても，それはあくまで他人の成功例であって自分の子どもには当てはまらないと考えることが多く，次回から時間の無駄であるとして参加を渋ることが多くなります。そこで初めて参加される方への十分なオリエンテーションをしておくことが大切です。その内容は，親の会へ参加するにあたって登校を促すことが第一の目的でなく，保護者自身の心が少しでも楽になること，不登校に関する情報を得て，それを整理すること。そこで保護者は子どもが学校へ行かないことの辛さを語りますが，実は保護者自身の「祖父母へ言い訳，近所への恥ずかしさ」等親自身の辛さを子どもをダシにして語ることから，このことが保護者自身の辛さであることを理解し，それらを取り除くことがまず大切であり，その後子どもとどう生きていくかを理解してもらうことが必要です。

　また親の会での保護者の話し合いを聞いていて，皆さん自分の考えをよく話してくれますが，同じ内容を言い回しを変えて話したり，自分では気がつかないで自分の考えが堂々巡りをしていることがあります。これに気がつくのは，他の似たような境遇の保護者が楽しそうに自分の人生を語っている時，自分の人生についてこれでいいのだろうか，私は今何をしたいのだろうかを考え始めた時が多いようです。このことが不登校生徒の保護者によく言われる「子どもの行動を自由にし任せる」ということの意味を具体的に理解し，その任せ方の自由と責任のとり方を通して自分の子どもへの適切な洞察力を持てるようになるようです。

4）まとめ

　これまで不登校生徒親の会を結成してきましたが，いずれも継続性という点では成功したといえますが，どの保護者にとっても効果的であったとはいいがたいと思います。B夫の保護者の場合，母親が最初から「親の会」結成に積極的で社交的な性格もあり，話が途切れそうになると自分から話題づくりをし（カウンセラーのアドバイスで不登校に関係ない話を出すようにしました），このことを通じて自分の子育ての追体験ができ，自分の考え方を徐々に整理できたことが，自分を楽にし，自分の行動に変化をもたらしたといえます。反面最初は積極的に参加していても徐々に参加回数が減ってきた保護者もおり，このことはその保護者自身がけっして気持ちが楽にならず，逆に心の負担になったのではないかと思います。その責任はコーディネーターとしてのカウンセラー

☕ **一時保育**

　一時保育とは国の特別保育事業で，平成12年より実施され，指定された保育所・園で別室を設けたり，通常入所している乳幼児と一緒に保育をしています。
　利用できる人は，家庭にいる専業主婦が育児疲れの解消や私的理由（たとえばリフレッシュ）であったり，保護者の急病や断続的・勤務・短時間勤務・冠婚葬祭など緊急または一時的に子どもの保育が出来ないで支援が必要になったとき対応する保育サービスです。
　また，利用できる日数は，実施している市町村によって限度を定めている所もあったり，費用も必要経費の一部を利用者負担としています。

にあると考えられます。カウンセラーは親の会の進行に伴って踏み込まれたくないことに別の参加者が触れようとした時，どのように救いの手を差し伸べるかなど参加者の気持ちを読み取る洞察力が要求されます。特に参加者が新たな気づきがあったときに，素早くその確認をし，すばらしさをいかにフィードバックできるかどうかが成功の分かれ道になっているといえます。

注）
1）serendipityとは元来家の中で隠しておいた物を何処に，いつ頃置き，隠したか忘れ，ある時偶然発見し，思わぬ喜びとなることを意味することから派生して，子どもの持っている思わぬ才能や性格・行動のすばらしさを発見し喜ぶことを意味します。
2）pygmalion効果は子どもの時腕白な少年がプロの世界でチャンピオンになると社会的にも適応行動や，模範的人間に成長するように，子どもは期待されることによって，その期待に応える行動ができるようになることを意味します。
3）この共感的理解とは，① 子どもの親や他人への怒りなどの感情表現のレベルを関知し，その怒りの表現を相手にフィードバックしてその感情の強さと幅を受容すること。② さらにその感情は何処から生まれてくるのか原因等を明確にすること。③ 子どもの発言を感情表現のメッセージとして受け止め，その言葉をできるだけ正確にフィードバックすること。④ どんなことがあっても親として絶対的に子どもの立場にたつことを言明すること。⑤ 感情表現が高ぶると話の論旨が不明確になることがあり，子どものメッセージで何を伝えたいかを支持的にリードしていくこと。⑥ 子どもと話している時，親として子どもを責めるのではなく今自分はどう感じているかを開示することです。

参考文献
・高垣忠一郎『不登校支援ネットワーク』かもがわ出版，2004年
・長谷川眞人ほか編著『子どもの援助と子育て支援 —— 児童福祉事例研究』ミネルヴァ書房，2001年
・厚生労働省厚生統計課「地域児童福祉事業等調査報告」2000年
・『発達69：オンデマンド —— 事例から考える不登校』ミネルヴァ書房，2004年
・東山紘久『母親と教師がなおす登校拒否』創元社，1997年
・団 士郎『不登校の解決—家族システムとは何か』文芸春秋社，2000年
・『臨床心理学—事例研究—』Vol.1, No.1, 金剛出版，2001年
・『臨床心理学—スクールカウンセリング—』Vol.1, No.2, 金剛出版，2001年

考えてみましょう

　子どもたちの抱えている問題で，母親や保護者の会が数多くあります。保護者自身が結成したもの，専門家が保護者に呼びかけ結成した会などさまざまありますが，いずれにしてもそのとき皆さんが専門的な立場で参加した時，どんな配置で，どこに位置し，どのように関わっていくのかの専門的役割について話し合って見ましょう。

　不登校の児童や生徒をなくすために，学校，家庭，地域それぞれで，どのような取り組みが必要か，話しあってみましょう。

　自らの小・中・高校時代を振り返り，友人をいじめたこと，いじめられたことを思い出し，そのときにどのような支援が必要だったか，考えてみましょう。

索　引

あ　行

アイデンティティー	27
アウペア	61
赤沢鐘美	69
アサーティブ	3
アスペルガー症候群	108
アセスメント	99
アダルトチルドレン	26, 95
アドボカシー	108, 110
アドボケイト	108
アーパネット	30
アフターケア	99
網野武博	1
アルコホリクス・アノニマス	97
アルコール依存症	95
アルバ・ミュルダール	55
育児と介護	45
意見表明権	9
石井十次	68
石井亮一	69
石田理恵	11
意志力	92
いじめ	52
いじめの発生件数	53
一時保育	158
イニシエーション	8
インクルージョン	72, 109-111
インターネット	29
インターネットの普及	29
インテグレーション	72, 111
インプリンティング	10
ウィッタカー	27
ウィンデルバンド	6
ウェーバー，A.	6
ウェル・ビーイング	128
A型児童館	161
エコシステム	25
エコシステム理論	27
エコロジー	25
エドワード・デニソン	59
NHS	62
エヌエスエフネット	30
NPO法人	13, 150
『エミール』	9
エリクソン	34
エリザベス救貧法	59
エレン・ケイ	55
エレン・スワロー	22
エンゼルプラン	84
エンパワメント	95, 129
OMEP	55
大型児童館	161
狼に育てられたアマラ	89
大日向雅美	10
岡山孤児院	69
オープンタイプ保育園	56
オリニジップ	64
恩恵的救貧政策	69
オンブズマン制度	58, 62

か　行

学習障害	108
学童保育	56
学齢児童	53
家政学	22
家族システム理論	26
家族療法	27
価値の創造	6
家父長制度	68
学校教育法第23条	53
家庭科学	22
家庭的保育	56
寡婦福祉資金	79
亀口昌志	10

感覚運動期	91	コンサルテーション	99
感情障害	4	コンバインドナーサリーセンター	61
希望	92	**さ 行**	
基本的信頼	92		
虐待親予備軍	94	ザネイチャーアサンプション	11
虐待・体罰	81	サポート校	179
虐待通報システム	105	三歳児神話	10
虐待の通報	106	三種の神器	140
虐待ホットライン	137	三位一体政策	5
教育所	68	シェーラー, M.	6
救恤場	68	支援センター	154
共感的理解	181, 184	C型児童館	161
緊急保育対策等5ヵ年事業	71	事業所内託児施設の設置促進	84
勤勉性	92	自己実現の原則	1
勤勉性―劣等感	92	自主性	92
具体的操作期	91	次世代育成支援対策推進法	12
グレシャム	7	施設病	11
経済的側面	2	恤救規則	69
形式的操作期	91	児童	73
ケースマネジメント	99	児童委員	5
健康診査の形式	116	児童家庭支援センター	101
健康診査時の相互作用	117	児童期崩壊性障害	108
権利擁護	108	児童虐待	81
権利擁護者	108	児童虐待の防止等に関する法律	80
合計特殊出生率	13	児童虐待防止法	69, 80
口唇期	91	児童健全育成	100
広汎性発達障害	108	児童健全育成推進財団	164
肛門期	91	児童権利宣言	70
小型児童館	161	児童厚生員	162, 163
刻印づけ	10	児童厚生員の資格	164
国営医療制度	62	児童支援基金	59
国際生活機能分類	108	児童信託基金	59
国連の児童の権利に関する条約	70	児童センター	161
孤児教育会	69	児童手当法	77
個人情報保護法	13	児童の権利に関するジュネーブ宣言	70
子育て支援サービス	86	児童の権利に関する条約	9
子育て神話	11	児童の世紀	55
子育て相談	146	児童買春禁止法	83
子育ての辛さの内容	94	児童福祉施設	74
コックス, E.	96	児童福祉審議会	100
子ども・子育て応援プラン	12, 71	児童福祉の機関	74
子どもの生存権	13	児童福祉の原理	73

索　引　189

児童扶養手当法	78
児童文化	6
児童文化の再生	7
児童法	61
児童保護機関	105
CPS	105
社会福祉三原則	70
就学前学校	56
就学前クラス	56
就学税控除	62
周産期	108
集団心理的側面	4
恤救（じゅつきゅう）規則	69
ジョイントセンター	61
主要先進国の出生率の推移	19
巡回型健康診査の流れ	118
障がい児の理解	107
障がい児福祉観	109
障害者基本法	108
少子化	18
少子化社会対策基本法	12
少子化社会対策基本法制定	71
少子化社会対策大綱	20
少子化対策大綱	85
少子化対策プラスワン策定	71
少子高齢化の背景	135
少年	74
少年救護法	69
少年法	84
消費文化	7
情報モラル	32
ショーター, E	10
自立支援	104, 128
自律性	92
自立的パーソナリティー	3
新エンゼルプラン	85
新新エンゼルプラン	85
心身障害者福祉センター	131
身体障害者福祉法	108
信頼―不信	92
スクリーニングテスト	109
スクールカウンセラー	52, 111
スクールソーシャルワーク	101, 111
スーパービジョン	99, 165
生活行動の側面	3
生活場面面接	104
性器期	91
生産文化	7
政治的側面	2
青少年委員	5
生殖性	93
精神活動の側面	3
生理的早産	35
世界児童憲章	13
世界保健機構	108
世界幼児教育機構	55
積極性―罪悪感	92
セルフヘルプ・グループ	97
セレンディピティー	180
潜在期	91
前操作期	91
選択的利用法式	75
前論理的思考段階	91
相互性の総合	109
ソーシャルアクション	114
ソーシャルインクルージョン	72
尊厳性の原則	1

　　　　　　　た　行

大検	51
第三者評価	5, 110
滝乃川学園	69
他律的パーソナリティー	3
知的障害者福祉法	108
チャイルドマインディング	60
注意欠陥多動性障害	108
通過儀礼	8
デイナーサリー	60
適格	92
テクノロジーの側面	3
デュープロセス	105
電子申請システム	32
同一性	92
同一性―同一性の混乱	92

東京府立養育院設立	68	貧困	25
統合性	93	ファシリテーター	96
統合―絶望	93	ファミリーソーシャルワーク	97
特別児童扶養手当法	78	福祉三審議会	12
ドメスティックバイオレンス防止法	81	富国強兵	68
トリートメント	99	二葉幼稚園	69
トレイシー	27	不登校	50
		不登校児童生徒数の推移	51
な 行		プライバシー	13
ナーサリースクール	60	フリースクール	51
ナチュラリスト	24	フリースペース事業	144
新潟静修学校	69	プレイグループ	60
ニィリエ，B.	110	フロイト，S.	90
乳児	74	プログラミング化現象	2
乳幼児保育法	64	文化の概念	6
乳幼児保育法改定法	65	保育サービス	86
妊産婦	74	保育士としての専門性	144, 150
野口幽香	69	保育所運営費	5
ノーマライゼーション	110	保育所待機児童ゼロ作戦	135
ノリバン	64	保育所保育指針	28
		放課後児童健全育成事業	166
は 行		保健所	101
ハヴィガースト，R. J.	36, 90	保護司	5
ハヴィガーストの発達課題	36	保護命令	82
パーソンズ，R.	96	母子及び寡婦福祉法	79
発達課題	90	母子家庭自立支援給付金	79
発達課題とは	34	母子関係の調整	132
発達権を保障	13	母子自立支援員	79
発達障がい	108	母子保健医療体制	86
発達障害者支援法制定	71	母子保護法	80
発達段階	91	ホスピタリズム	11
発達の保障	128	母性喪失	10
母親としての共感性	145	母性本能の神話	9
パワー・エリート	2	ホーム・エコノミックス	22
パワーレス	95	ホーム・サイエンス	22
ピアジェ，J.	90	ポルトマン，A.	35
B型児童館	161		
ビクトリア・クランビエ	61	**ま 行**	
ピグマリオン効果	180	マージナルマン	27
日田養育館	68	マズロー，A. H.	35
ヒポクラテス	23	マターナル・ディプリベーション	10
表現の自由	8	町会所	68

民生委員	5	欲求階層	35
無差別平等の原則	1		
無力状態	95	**ら 行**	
目的	92	ライフサイクル	34
森島峰	69	ライフステージ	45
		離婚の推移	41
や 行		離婚率	41
夜間保育園	56	リビドーの発達	91
ヤヌシュ・コルチャック	14	両親協同保育園	56
ユーズネット	30	臨床心理士	173
ユチウォン	63	リントン,R.	6
ユニセフ	39	ルソー	9
ユニバーサルデザイン	166	レイク・プラシッド会議	23
ゆりかごから墓場まで	59	レセプションクラス	60
幼児	74	ロバート・オーエン	59
幼稚園教育要領	23	ロバート・クラーク	23
要保護児童	61	論理的思考段階	91

執 筆 者（執筆順，＊は編者）

＊加藤　定夫	宇都宮短期大学	（序章，第2章1・2，第4章8，第5章6）
渋谷　昌史	日本子ども家庭総合研究所	（第1章1・2）
＊古川　繁子	植草学園短期大学	（第1章3）
勅使河原隆行	宇都宮短期大学	（第1章4）
緑間　科	宇都宮短期大学	（第1章5）
伏見　幸子	彰栄保育福祉専門学校	（第1章6）
青柳　育子	群馬松嶺福祉短期大学	（第1章7）
西尾　敦史	宇都宮短期大学	（第1章8，第5章3）
宮内　克代	埼玉学園大学	（第1章9，第3章）
具　守珍	前宇都宮短期大学	（第2章3）
宗貞　秀紀	前宇都宮短期大学	（第2章4）
半羽利美佳	関西福祉大学	（第4章1－7）
石川由美子	宇都宮短期大学	（第5章1）
柏崎　龍夫	品川区立心身障害者福祉会館	（第5章2）
植草　一世	植草学園短期大学	（第5章4）
柳澤　邦夫	栃木県教育委員会	（第5章5）

シリーズ　事例で学ぶ7　児童福祉論

2006年3月30日　第1版第1刷発行

編著者　古　川　繁　子
　　　　加　藤　定　夫
発行者　田　中　千津子
発行所　㈱学　文　社

東京都目黒区下目黒3-6-1
郵便番号　153-0064　電話（03）3715-1501（代表）　振替00130-9-98842

乱丁・落丁は，本社にてお取替致します。　　印刷　倉敷印刷株式会社
定価は，カバー，売上げカードに表示してあります。＜検印省略＞

ISBN4-7620-1536-9